# Ohnmassgebliches Project

Quellen zur protestantischen Bildungsgeschichte (QPBG)

Nr. 2

Herausgegeben von Ralf Koerrenz, Alexandra Schotte und Annika Blichmann

Gefördert vom Landesgraduiertenkolleg
„Protestantische Bildungstraditionen in Mitteldeutschland"
der Friedrich-Schiller-Universität Jena

Matthias Bel

# Ohnmaßgebliches Project

Ein Beitrag zur Reform des ungarischen
Schulwesens zu Beginn des 18. Jahrhunderts

*Mit einer kommentierten Einleitung*
*hrsg. von Zsuzsanna Kiséry*

**EVANGELISCHE VERLAGSANSTALT**
Leipzig

Bibliografische Information der Deutschen Nationalbibliothek
Die Deutsche Nationalbibliothek verzeichnet diese Publikation in
der Deutschen Nationalbiografie; detaillierte bibliografische Daten
sind im Internet über http://dnb.dnb.de abrufbar.

© 2013 by Evangelische Verlagsanstalt GmbH Leipzig
Printed in Germany · H 7646

Gedruck auf alterungsbeständigem Papier.

Umschlag: Kai-Michael Gustmann, Leipzig
Satz: Annika Blichmann, Jena
Druck und Bindung: Docupoint Magdeburg

ISBN 978-3-374-03212-9
www.eva-leipzig.de

# INHALT

Matthias Bel (1684–1749)

# Einleitung
## Matthias Bel 1684–1749

Der Text *Ohnmaßgebliches Project* ..., in dem Bel nach dem Ruf auf den Rektorenposten des Pressburger (Bratislava, Pozsony) evangelischen Lyzeums dem Kirchenkonvent seinen ausführlichen Plan der schulischen Arbeit beschreibt, ist ein Dokument seiner pädagogischen Auffassungen und Methoden.

Wer war Matthias Bel, der in der Sekundärliteratur Matej Bel, Bél Mátyás oder auch Mattheus Belius genannt wird?

Geboren und gestorben im Königreich Ungarn, bezeichnete er sich in Halle nach dem Zeugnis seiner eigenen Eintragung in Franckes *Album* als Hungarus.[1] Mit dieser Bezeichnung deutete er sein Selbstverständnis als Bewohner eines mehrsprachigen Landes an, in dem das geographische Gebiet, die gemeinsame historische Tradition und Regierung, nicht aber die gemeinsame Sprache, die Identität gründenden Faktoren waren. (Die gemeinsame Sprache, als Kriterium der Zugehörigkeit zu einer Nation wurde in Ostmitteleuropa erst im späten 18. Jahrhundert in den Vordergrund gestellt.)[2]

Bels Kindheit, seine ersten Schulerfahrungen führen uns in das nördliche Gebiet des Königreichs, wo in den Städten deutsch gesprochen wurde, in den Dörfern, auf dem Lande aber entweder ungarisch oder slowakisch. Dem Lateinischen fiel in dieser Sprachsituation die Funktion der Vereinheitlichung zu: Regierung, Verwaltung, Wissenschaft und Schule gebrauchten es bis zum späten 18. Jahrhundert.

---

1  Dr Rösel, Hubert: Der Slowake Mattias Bel – ein bedeutender Mitarbeiter an den tschechischen Halleschen Drucken, 91, in: Wissenschaftliche Zeitschrift der Martin-Luther-Universität Halle-Wittenberg, Ges.-Sprachw. 4. 1. (1954), 91–98.
2  Fried, István: Mehrsprachigkeit und Kulturbeziehungen im Ostmitteleuropa des 18. und des 19. Jahrhunderts, 97, in: Ungarn-Jahrbuch 22 (1995/1996), 97–109.

Wer sich heute, im 21. Jahrhundert die Aufgabe stellt, Bels
Leistung und Bedeutung zu würdigen, steht eben wegen dieser Mehrsprachigkeit vor einem Problem, das weniger in dem
eventuellen Fehlen der Sprachkenntnisse, sondern vielmehr
in dem Umstand besteht, dass die seit seinem Tod erfolgten
historischen, politischen, kulturellen Veränderungen im ost-
mitteleuropäischen Raum dazu zwingen, die Frage der Tradition und Zugehörigkeit anders zu stellen, als es vor 300 Jahren
möglich war. Lessings weiser Nathan erzählt dem Sultan die
Geschichte des echten Ringes, dessen Besitz alle drei Erben für
sich beanspruchen. Die Bel-Forschung ist natürlich nicht bei
dieser Ring-Frage stecken geblieben, wenn wir aber die *Wiki-
pedia* aufsuchen, werden uns perspektivische Verschiebungen
zwischen den slowakischen, deutschen und ungarischen Darstellungen seiner Laufbahn deutlich, auf deren Gründe wir in
der hier folgenden Schilderung seiner pädagogischen Tätigkeit
nicht eingehen.

Weil sich diese Laufbahn in dem seiner Zeit dreisprachigen
geographischen Raum entfaltete, sollte eine Entscheidung für
den Gebrauch der Personen- und Ortsnamen getroffen werden:
da Bel als Rektor und Prediger im Dienst der evangelisch-deut-
schen Gemeinde stand, wird hier die deutsche Variante seines
Namens gebraucht. Bei dem ersten Vorkommen der Ortsnamen werden alle Varianten angeführt, im Weiteren wird jedoch
ebenfalls mit der deutschen Variante gearbeitet, weil sie in den
*Personalia* der im Jahr 1749 in Leipzig publizierten Leichen-Rede
in dieser Sprache stehen.[3]

In diesen *Personalia* finden wir die möglicherweise erste
vollständige Biographie Bels, aus der seine späteren Biographen
schöpfen. Diese Biographie beginnt natürlich mit dem Ge-
burtsdatum, und hier müssen wir kurz stehen bleiben. In dem

---

3   Serpilius, Samuel Wilhelm: Eines evangelischen Lehrers Pflicht und
    Trost. Leipzig: gedruckt bey August Samuel Cruciger 1749, darin 20–24.
    Personalia=Johannes Tomka Sasky

oben genannten *Album* gibt Bel den 22. März 1684 als den Tag seiner Geburt an, in den *Personalia* und demzufolge bei vielen Biographen steht aber der 24. März des selben Jahres[4]. Zudem berichtet Bel im *Album* nicht über alle Schulen, die er besucht hatte. Was immer seine Gründe dafür gewesen sein konnten, ist es aus heutiger Sicht von besonderem Interesse, seine Schulen aufzuzählen, um dadurch einen Einblick in das Schulwesen des evangelischen Oberungarn in der Zeit des 17./18. Jahrhunderts zu bekommen. Die Eltern, der Metzgermeister Matthias Bel, slowakischer Abstammung, und die Mutter Elisabeth Cseszneki, eine Ungarin, schickten das siebenjährige Kind nach den ersten Schuljahren zu Hause, in Očová (Otsova, Ocsova) weg nach Lučenec (Lizenz, Losonc), wo er eine von Franz Bulyovsky eingerichtete Privatschule besuchte. Von dort ging es weiter nach Kalinovo (Calnau, Kálnó), ebenfalls in eine Privatschule, dann nach Dolna Strehova (Also-Stregau, Alsósztregova). Im Jahr 1695 finden wir ihn schon in Banská Bystrica (Neusohl, Besztercebánya), wo er das evangelische Gymnasium besucht, dann 1697 im Lyzeum von Bratislava (Pressburg, Pozsony). Darauf folgen zwei Jahre in Veszprém und Pápa und nochmals zwei Jahre in Neusohl. Im Herbst 1704 ist er schon an der Universität in Halle. Diese ca. 14-jährige Wanderung von einer Schule zur anderen war sicherlich kein Einzelfall im Königreich Ungarn. Grobe Lehrer und Mitschüler, Krankheiten, das Fehlen von höheren Klassen an den besuchten Schulen[5], der Anspruch auf

---

4  Die Wikipedia-Seiten geben auch den 24. März an.
5  Eine Folge der von Leopold I. in den Jahren 1681 und 1687 erlassenen Gesetze, in denen er im Zusammenhang mit der Religionsausübung auch über die Schulen verfügt, wodurch die Schulgründung der Protestanten gehemmt wurde. „Die Unterdrückung und Benachteiligung der protestantischen Schulen dauerte mit wechselnder Intensität im Grunde genommen bis 1781, bis zum Inkrafttreten des ‚Toleranzedikts' (Joseph II.)" in: Mészáros, István: Die Geschichte des tausendjährigen ungarischen Schulwesens. Budapest: Nationaler Lehrbuchverlag 1999, 60.

sprachliche Vervollkommnung waren die Gründe für den häu-
figen Schulwechsel.

Trotz der begrenzten Möglichkeiten des protestantischen Schulwesens sowie durch glückliche Zufälle gelingt es Bel (und vielen
Zeitgenossen, begabten Söhnen von Bürgern oder Adelsfami-
lien) – in einem Land der Türkenkriege, der Repressalien gegen
die protestantischen Kirchen und Schulen, der Aufstände und
Freiheitskriege (Thököly, Rákóczy II.) gegen die Habsburger –
bewegt von Patriotismus, Glaube an Gott und menschliches
Vermögen den Weg eines Intellektuellen einzuschlagen. Die
protestantische Jugend deutscher, slowakischer, ungarischer
Abstammung oder aus Familien mit Doppelbindung der nord-
westlichen, nördlichen Randzone des Königreichs,[6] studierte
vor allem an deutschen Universitäten, da es im Land keine protestantische Universität gab,[7] und wurde Geistlicher, Lehrer,
Apotheker bzw. Mediziner. Unter den deutschen Universitäten
fiel nicht selten die Wahl auf das pietistische Zentrum Halle:
Für den Zeitraum zwischen 1700 und 1727 ist der Aufenthalt
von 112 „Hungarici" in Halle belegt.[8] Die Wahl der Studenten
war nicht selten personenbedingt, wie z. B. in Bels Fall: In Neusohl bekam er von seinen Lehrern Johannes Pilarik (1705–1764),
der seine Begabtheit entdeckte, und Johannes Burius, der frü-
her selber in Halle war, den entscheidenden Impuls. Er kam
im Herbst des Jahres 1704 in Halle an und wurde *alumnus* in
Franckes Einrichtung am 17. September 1705. Im Mai des Jahres
1708 traf er wieder in Neusohl ein. Den vierjährigen Aufenthalt
in Deutschland verbrachte Bel mit Studium und Unterricht.

---

6    Zusammenfassend Kosáry, Domokos: Bél Mátyás helye a művelődés tör-
     ténetében. (Mattias Bels Rolle in der Kulturgeschichte), in: Irodalomtör-
     ténet (Literaturgeschichte) 16. 4 (1984), 795–816.
7    Die Katholiken hatten seit 1635 kontinuierlich ihre Universität in Na-
     gyszombat (Trnava, Tyrnau). Die Gründung dieser Universität ist das
     Verdienst von dem Kardinal und Erzbischof Péter Pázmány.
8    Der Hinweis stammt von Kosáry a. a. O., 799.

Er studierte Medizin, dann Theologie. Seine Professoren waren[9] Breithaupt (Grund- und Sittenlehre der Christen), Anton (Kirchliche Streitigkeiten, Einleitung in das Neue Testament), Francke (Einleitung in die Schriften des Alten Testaments), die beiden Michaelis (hebräische Sprache), Reinbeck (hebräische Accentuatio), Tribbechow (Griechisch), Cellarius (Lateinisch), Buddeus (Philosophie), Thomasius (Naturrecht), Ludewig (Staatsrecht), Strick (Kirchenrecht), und dazu lernte er noch bei einer Gesellschaft von gelehrten Magistern „die übrigen" orientalischen Sprachen.[10] Entscheidend für Bels spätere Laufbahn war die Begegnung mit Cellarius, Thomasius, Buddeus, Ludewig und Francke.

Cellarius wurde ihm zum Etalon des Lateinunterrichts, Thomasius' rationalistische Methode, Buddeus' Interesse für die Naturwissenschaften und Ludewigs staatenkundliche Denkrichtung führten ihn zu der Konzipierung seines historisch-geographischen Hauptwerkes *Notitia Hungariae*. Für seine im Pietismus wurzelnden pädagogischen Ansichten, für die praxisorientierte Erziehungsmethode, die er später erfolgreich einsetzte, bekam er die wichtigsten Impulse von A. H. Francke, dessen Aufmerksamkeit er mit seiner Begabung in dieser Hallenser Studienzeit auf sich zog. So heißt es in den *Personalia*: „Solchen eifrigen Fleiß erkannte Herr Professor Franke, der Ihm sowohl seinen eigenen Sohn anvertraute, als auch die Lateinische Schule des Waysenhauses zu regieren, anbefahl".[11] Bel nahm den Unterricht in der Lateinischen Schule des Waisenhauses in Grossen-Klaucha (heute Glaucha) eifrig wahr, er

---

9 Eines evangelischen Lehrers Pflicht ..., Personalia, 21.
10 Bels Studium endete mit der öffentlichen *disputatio* im Herbst 1707 unter dem Vorsitz von Breithaupt mit dem Titel: *Forma sanorum verborum*. Darüber: ebd.
11 Ebd.

beschrieb die dort einzusetzende Unterrichtsmethode und stellte die *leges* dieser Schule zusammen.[12]

Trotz guter Aussichten auf eine ausgeglichene Laufbahn in Deutschland folgte Bel ein Jahr nach Abschluss seiner Studien der Einladung des evangelischen Gymnasiums in Neusohl (seiner *alma mater*), wurde Konrektor und im selben Jahr auch slowakischer und deutscher Prediger der Spitalkirche. Im Mai 1714 wurde er Rector des evangelischen Lyzeums in Pressburg, 1719 ging er von der Schule als Pfarrer in den Dienst der Kirche. Seit 1742 kränkelte er und starb am 29. August 1749. Trotz seiner Krankheit blieb er Zeit seines Lebens aktiv und sein Haus in Pressburg galt als ein Zentrum der Wissenschaften und der pietistisch-evangelischen Geistlichkeit.

Seine Rückkehr in das Königreich Ungarn im Jahr 1708 war von großer Bedeutung für die Entwicklung des dortigen Schulwesens, der historischen und geographischen Forschungen und damit im Zusammenhang für die Entstehung eines Briefwechsels und Gedankenaustausches unter Literaten.[13] Er wurde ein berühmter Mann, doch musste er im eigenen Land zahlreiche Anfechtungen nicht zuletzt wegen seiner pietistischen Orientierung erleben.[14] Einmal hatte ihm sogar die Todesstrafe

---

12  Bél Mátyás kéziratai a pozsonyi evangélikus líceum könyvtárában (Katalógus). Catalogus Manuscriptorum Matthiae Bél, quae in bibliotheca Lycei Evangelici Posoniensis asservantur. Összeállította (composuit) Tóth, Gergely OSZK Gondolat Kiadó 2006. (Im Weiteren Cat. manuscript.) , 13. Nr. 19. Bd. 429/III.a Methodus der Lateinischen Schul des Waisen-Hauses zu G. Klaucha an Halle. Nur das Titelblatt ist da. Nr. 20. Bd. 429/III.b. Leges der Lateinischen Schul des Waisen-Hauses zu Klaucha an Halle. 18pp. (pp. 17–18 leer) 85 Schulregeln mit der Zeitangabe: introduciert worden Anno 1705. 13. Jan.

13  Unter diesem Begriff verstehen wir all diejenigen, die sich mit Texten beschäftigten, sei es Übersetzungstätigkeit, Geschichtsschreibung usw.

14  Klein, Johannes Samuel: Nachrichten von den Lebnsumständen und Schaffen evangelischer Prediger in allen Gemeinden des Königreichs Ungarn Bd. II. Leipzig und Ofen: im Verlag bey Diepold und Lindauer

deshalb gedroht.[15] Sein Erfolg und Ruhm als Universalgelehrter und Pädagoge glichen dies für ihn höchstwahrscheinlich aus und als unverzagter Mann von Schule, Kirche und der Wissenschaften wurde er zum bedeutendsten und in Europa bekanntesten Vertreter der protestantischen Hungarus-Intellektuellen seiner Zeit.[16]

Diese Intellektuellen, die nach ihren Studien an westeuropäischen Universitäten in ihre Heimat zurückkehrten, brachten die Denkrichtungen mit, welche sie an der Universität vermittelt bekommen hatten. So kamen die Ideen der Wittenberger Orthodoxie innerhalb der evangelischen Kirche stark zur Geltung. Die Synode zu Rosenberg (Ruzomberok, Rózsahegy) im Jahre 1707 war ein Versuch unter der Devise der dogmatischen und organisatorischen Stärkung der evangelischen Kirche der Verbreitung der modernen Ideen Grenzen zu setzen. Im Norden und im nord-westlichen Teil des Königreiches Ungarn bildeten sich jedoch in den Städten Zentren, in denen die Kirchengemeinden sich dem Einfluss des orthodoxen Konfessionalismus entziehen konnten und in diesen Städten wurde das pietistische Gedankengut, das ehemalige Hallenser Studenten mit sich brachten, produktiv.[17]

---

1789, 38–39. Hier finden wir die Liste der zahlreichen Intrigen gegen Bel. Klein weist auf seine Quelle hin, auf eine gegen die Pietisten gerichtete Schrift von Johann Jeverus = Ezzardus: Verzeichnis allerhand pietistischer Intrigen und Unordnungen, in Litthauen, vielen Städten Teutschlandes, Hungarn und America. Durch Jo. Jeverum, Wirburgensem A.C. MDCCXXIX (1729).

15  Über diesen Vorfall im Jahr 1709, während der Besatzung von Neusohl durch die kaiserlichen Truppen, siehe Haan, Lajos: Bél Mátyás. Budapest 1879, 23.

16  Er war Mitglied der Gelehrtengesellschaften von London, Berlin, Olmütz, Sanct Petersburg, Jena, und der Papst (!) schenkte ihm eine mit seinem Bildnis gezierte Goldmedaille.

17  Vesely, Daniel befasst sich in einer Studie mit den wichtigsten pietistischen Persönlichkeiten (unter Erwähnung ihrer Wirkungsorte), die auf dem Gebiet der heutigen Slowakei tätig waren, deshalb werden hier nur die drei wichtigsten Zentren des damaligen West- bzw. Oberungarns

Außer der Bergstadt Neusohl und Pressburg, der Hauptstadt Ungarns, galt z. B. Raab (Győr) als ein Zentrum, in dem der Pietismus über Schrifttum und persönliche Kontakte Aufnahme fand. Im Jahre 1681 bekam diese Stadt das Recht zum Bau einer evangelischen Kirche und zur Eröffnung einer Schule dieser Kirchengemeinde. Diese Reorganisation und pietistische Orientierung dauerte mehrere Jahrzehnte, bis dann 1749 Maria Teresia die evangelische Kirche schließen und ihre Geistlichen aus der Stadt weisen ließ.[18]

In Raab wirkte der evangelische Pfarrer Andreas Torkos (1669–1737), der erste ungarische Besucher von Halle, der im Jahre 1709 mit der Unterstützung von Francke ein Gebetbuch in Druck gab, und seinen Sohn nach Neusohl (1711), dann nach Pressburg (1714) unter die Obhut von Bel schickte und später in Halle studieren ließ. In Raab finden wir außer Andreas Torkos den Rektor Georg Bárány (1682–1757), Martin Vásonyi (1688–1737), Johannes Sartorius (1695–1756), die mit der Übersetzung und Adaptierung der Werke von Francke, Rogallen und Rambach an die ungarischen Verhältnisse die Bahnbrecher der ungarischen pädagogischen Fachliteratur sind.[19]

Worauf oben hingewiesen wurde, das Gymnasium und die evangelische Gemeinde in Neusohl waren durch das Wirken von Johannes Burius d. J., Johannes Pilarik und später von Johannes Simonides (1648–1708) für pietistische Impulse sensibilisiert worden.[20] In ihre Fußstapfen trat Bel. Über seine

---

genannt. Vesely, Daniel: Matthias Bel und der Einfluß des hallischen Pietismus auf Kirche und Schulwesen der Slowakei, in: Wallmann, Johannes/Sträter, Udo (Hg.): Halle und Osteuropa. Zur europäischen Ausstrahlung des hallischen Pietismus. Tübingen: Verlag der Frankeschen Stiftungen Halle im Max Niemeyer Verlag 1998, 243–261.

18 Béla von Szent-Iványi: Der Pietismus in Ungarn, 262, in: Ungarische Jahrbücher 17. 1–3 (1937), 252–267.

19 Sipos, Istvánné: Bél Mátyás pedagógiai reformtörekvései II. (Die pädagogischen Reformbestrebungen von Matthias Bel. Teil II.), 207, in: Magyar Pedagógia 2. 2. (1962), 207–234 und Kosáry a. a. O., 802ff.

20 Vesely a. a. O., 245.

Tätigkeit als Konrektor und später als Rektor ist überliefert, dass sich während seiner dortigen Aktivität die Schülerzahl verdoppelte[21], und dass er für die älteren Schüler Unterricht in Philosophie, Geographie und Historie gab.[22]

Die eigentliche Karriere Bels begann in Pressburg im Mai des Jahres 1714. Seine dortige Tätigkeit als Rektor, Geistlicher und Wissenschaftler erhöhte die kulturelle Bedeutung der Stadt, brachte ihr jedoch seitens der Verleumder und böswilligen Kritiker des Pietismus die spöttische Bezeichnung „klein Halle"[23] ein.

Das evangelische Lyzeum der Stadt[24] wurde im Jahre 1606 gegründet. Die Organisation des Unterrichts und die pädagogischen Prinzipien folgten dem von Johannes Sturm entwickelten Muster, wie es in Lauingen und Strassburg verwirklicht worden war: Der Unterricht war auf die Aneignung der lateinischen und griechischen Sprache ausgerichtet, in den höheren Klassen bekamen die Schüler etwas Arithmetik, Astronomie, Hebräisch, Geographie. Das Ziel des Lernens wurde im Prinzip „sapiens atque eloquens pietas"[25] festgehalten.

Das Lyzeum wurde im Jahre 1672 Opfer der Gegenreformation und konnte seine Lehrtätigkeit erst nach einem Jahrzehnt wieder aufnehmen. Wegen der Pest-Epidemie im Jahr 1713

---

21 Ein wichtiger Beitrag für die Forschung der Bildungs- und Kulturgeschichte: Tóth, Gergely: Bél Mátyás besztercebányai diákjai. A besztercebányai evangélikus gimnázium anyakönyvének vonatkozó részei Bél és utóda megjegyzéseivel. (Die Schüler von Matthias Bel in Neusohl. Die diesbezüglichen Teile des Matrikels des Neusohlenser evangelischen Gymnasiums mit den Eintragungen von Bel und von seinem Nachfolger.), in: Lymbus 2009, 135–170.
22 Rosenauer, Károly: A besztercebányai A. H. Ev. Gymnasium története. A besztercebányai ev. gimnázium értesítvénye 1875/76 (Die Geschichte des evangelischen Gymnasiums in Neusohl. Bericht des Neusolenser evangelischen Gymnasiums 1875/76), 45–74.
23 Klein a. a. O., 39.
24 Markusovszky a. a. O., 3–31, Sipos a. a. O., 210–211.
25 weise und schönredende Frömmigkeit

musste die Schule wieder geschlossen werden und als der Auftrag der evangelischen Kirche Bel erreichte, gab es insgesamt nur noch 40 Schüler. Aus dem Briefwechsel zwischen Bel und dem evangelischen Priester Andreas Johannes Rabacher und dem evangelischen Konvent[26] geht hervor, welche Voraussetzungen Bel erfüllt wissen wollte, bevor er sein Jawort gab. Die Befugnisse des Rektors, die Wahl der Lehrer, ihre Abhängigkeit vom Rektor, die Bereitschaft der Kirche zum Schutz des Rektors und der Lehrer gegen Unrecht jeglicher Art – nach Beantwortung solcher und ähnlicher Fragen begann Bel die Arbeit in Pressburg.

Er entwarf den Plan, das *Ohnmaßgebliche Project* der Reorganisation des Unterrichts am Lyzeum, den der Kirchenkonvent positiv aufnahm und bestätigte. Dieser Plan ist übersichtlich strukturiert, bestimmte Teile sind minutiös ausgearbeitet. Der Ton wechselt zwischen Sachlichkeit und persönlicher Überzeugung, am Anfang und Ende der Schrift mit konventionellen Formeln der Hochachtung und Unterwürfigkeit dem Kirchenkonvent gegenüber.

Einführend werden die Ziele des Unterrichts in einen breiteren Zusammenhang gestellt, indem die Schulen, die Pflanzgärten der gottesfürchtigen Jugend, das nötige Wissen und die moralische Haltung zum Dienst am Gemeinwohl, am Vaterland vermitteln sollen. Die weise und schönredende Frömmigkeit (sapiens atque eloquens pietas) als in der Tradition wurzelnde leitende Idee der Schule wird hier mit Blick auf das Gemeinwohl erweitert und die Nützlichkeit des Lernens mit dem Hinweis auf das Vaterland in einen weltlichen Horizont gestellt.

---

26  Bél Mátyás levelezése. A leveleket sajtó alá rendezte, bevezette, jegyzetekkel ellátta: Szelestei N. László (Der Briefwechsel von Matthias Bel. Hg., eingel. und mit Anmerkungen vers. v. Szelestei N., László) Budapest: Balassi Kiadó 1993, 28–35.

Im ersten Teil des eigentlichen Plans wird die sechsstufige Struktur des Unterrichts geschildert und die Verteilung der Fächer innerhalb der einzelnen Stufen dargestellt, wobei der Glaubenslehre und dem Latein die eigentliche Aufmerksamkeit geschenkt wird, bei den anderen Fächern, die jedoch aus unserer Sicht im damaligen Schulwesen des Königtums das Novum bedeuten, begnügt sich Bel mit der bloßen Aufzählung: bereits in der *sexta* werden das Rechnen und Schreiben eingeführt, in der *tertia* die Historie und die Geographie. Mit dem Geographieunterricht, dessen Rückständigkeit Bel beklagte,[27] setzte er für die Lehrer und Schüler einen neuen Akzent. (Sein Nachfolger, Friedrich Beer, führte Bels Ansätze weiter und nahm die Geographie in den Lehrplan der *secunda* als Hauptfach auf.[28]) In der *prima* kommt zu den üblichen Fächern die Historie des eigenen Landes hinzu.

In dieser Einheit des Plans spricht Bel auch über die Bedeutung der Lehrbücher. Er besteht darauf, dass Lehrer und Schüler mit der gleichen Textausgabe arbeiten und dieselben Handbücher benutzen sollen, weil nur auf diese Weise Klarheit und Tempo des Unterrichts garantiert werden. Als ehemaliger Hallenser Student zieht er mit Nachdruck Cellarius den älteren Lehrbuchautoren Rhenius und Donatus mit der rationalen Begründung vor, dass Cellarius die lateinische Grammatik in klarem Deutsch, also in der Muttersprache der meisten Schüler erklärt und eben dadurch Abneigung und Ekel der Lernenden dem Latein gegenüber zu bekämpfen sein werden. Er argumentiert für Cellarius auch damit, dass sein Buch in den Gymnasien Deutschlands benutzt wird. Mit Empfehlung und Einsatz von J. F. Buddes *Philosophia Eclectica*, in dem der Autor die Abkehr von den abstrakten Spekulationen zu Gunsten der

---

27  Sipos a. a. O., 220.
28  Ebd.

Einzelheiten und Experimente propagiert,[29] greift Bel ebenfalls auf den in Halle erkannten modernen Wissensstandard
zurück.

In dem zweiten Teil seines *Projectes* bespricht Bel die Unterrichtsmethode. In dieser methodischen Grundlegung zieht er
eine Trennlinie zwischen dem Religionsunterricht und den
Humaniora. Bei dem ersteren soll die Sorgfalt des Lehrers da-
hingehend wirken, dass „nicht nur das Wissen, sondern nebst
dem auch hauptsächlich das Gewissen möge geschärffet werden": In dieser Formulierung zeichnet sich ein neues Verständ-
nis der Frömmigkeit, das Ideal eines lebendigen Christentums
ab. Die Unterrichtsmethode der Humaniora wird Klasse für
Klasse erörtert. Bels didaktische Prinzipien bedeuten einen
Bruch mit den althergebrachten Methoden. Die Forderung der
Anschaulichkeit, damit im Zusammenhang der Gebrauch der
Tafel, die Berücksichtigung der individuellen Fähigkeiten der
Schüler, die Lernmotivierung durch Wachalten des Interesses,
das „Lernen als Spiel", Rücksicht auf die sprachlichen Unter-
schiede (in einem mehrsprachigen Land!) und der Fremdspra-
chenunterricht von der Muttersprache aus (wobei doch das
Deutsche als Muttersprache der Mehrzahl angenommen wird),
die wenn auch gelegentliche Verknüpfung der verschiedenen
Wissensgebiete (die bei den Auctoren vorkommenden Orte sind
auf der Landkarte zu zeigen) weisen in die eine und selbe Richtung, die er im Abschluss dieses Kapitels formuliert: Man soll
Individuen erziehen und die Erziehung soll nicht der schulischen Pedanterie, sondern dem Leben dienen.

Bel versteht seine methodischen Vorschläge eigentlich als
verpflichtende Vorschriften: Er will in den Klassen für mehrere
Tage den Unterricht übernehmen und seine Methode den Leh-
rerkollegen in der Praxis zeigen, weiterhin besteht er darauf,
dass die Lehrer über ihre Arbeit Protokoll führen, „worauß eines

---

29  Vesely a. a. O., 249.

jeden Fleiß kann abgenommen werden aber auch geurtheilet, ob man die Studia langsamer oder hurtiger treiben solle". Er weist an mehreren Stellen seines *Projectes* auf die erforderlichen Lehrerqualitäten hin: In seiner Schule sollen die Lehrer nicht nur gut vorbereitet, sondern geschickt und väterlich, hurtig und klarköpfig sein und die Aufmerksamkeit der Schüler mit entsprechenden pädagogischen Techniken wach halten können.

Das dritte Kapitel des *Projectes* ist der Schuldisziplin gewidmet. Hier geht Bel auf die Wichtigkeit der regelmäßigen, jährlichen öffentlichen Prüfungen ein, mit der Begründung, dass diese sowohl die Schüler als auch die Lehrer bedeutend motivieren. Er sieht die Stärkung der Lehrerautorität als Garantie für den wirksamen Unterricht und für die Disziplin und erwartet von den Familien die Unterstützung dieser Autorität. Um zwischen Schule und Familie einen Kontakt, womöglich auch Vertrauen aufzubauen, sollen die Eltern oder andere Familienmitglieder das Kind zur Aufnahme zum Rektor begleiten. Damit begabte, aber aus armen Familien stammende Kinder nicht auf den Schulbesuch verzichten müssen (die Zahl der Alumnusplätze war im Jahr 1714 nur 12), will sich Bel an die begüterten Familien wenden mit der Empfehlung, diese gegen Kost und Wohnung als Hauslehrer zu nehmen.

Bels schulorganisatorische Tätigkeit erschöpfte sich nicht in der Niederschrift dieses *Projectes*. Er wurde von dem Konvent beauftragt die Schulgesetze, die *leges alumnorum, rectoris, cantoris et scholarum* auszuarbeiten.[30] Diese umfangreiche Regelsammlung zeugt von Bels Problemorientiertheit und organisatorischem Talent und ermöglicht zugleich dem heutigen Leser, ex negativo einen Katalog der damaligen schulischen Fehlverhalten sowohl der Lehrer als auch der Schüler zusammenzustellen:

---

30 Markusovszky a. a. O., 194–204, Sipos a. a. O., 214–217.

die Inspektion der Klassen, die wöchentliche Lehrerkonferenz, die Kontrolle der wöchentlich eingereichten Unterrichtsmaterialien der Lehrer, das pünktliche Erscheinen des Lehrers in der Klasse sind die Obliegenheiten des Rektors bzw. der Lehrer. Bei den Vorschriften für die Schüler finden wir außer den Forderungen hinsichtlich der schriftlichen und mündlichen Aufgaben die Aufzählung der verbotenen Freizeitbeschäftigungen: das Zechen, der Besuch von Tanzlokalen, Wirtshäusern und Bordellen, das Ballspiel und das Baden in der Donau. Die Schüler sollen auffällige Kleidung, Zänkereien und grundlose Anschuldigungen, die Zerstörung der Gärten meiden, fremdes Gut nicht nehmen, Gefundenes nicht behalten. Diese Liste ist eine Mischung von rigorosen Verboten und vernünftigen Regeln, welche die Exzesse der Schuljugend zurückzudrängen und sie zum Fleiß und zu nützlichen Beschäftigungen anzuhalten trachten. Diese *leges* wurden in die *Matricula Scholae Rectore Bellio* eingetragen.[31] Auch die *matricula* selbst ist eine Neuerung Bels: Bis 1746 trugen sich 398 Schüler hier ein, davon 94 während der Rektorzeit Bels, der über diese nach ihren Namen jeweils eine kurze Bemerkung in Bezug auf Verhalten, Begabung sowie Grund und Richtung des Schulwechsels bzw. des Schulabgangs schrieb.[32] Es ist festzuhalten, dass anfangs

---

31  Diese *matricula* ist im Besitz des evangelischen Lyzeums in Pressburg, sie wird dort ohne Standortnummer aufbewahrt. Cat. manuscript. registriert sie unter der Nummer 109. Sie enthält nicht nur die *leges (9–25)* und die während Bels Tätigkeit eingetragenen Schülernamen, sondern auch die aus der Zeit seiner Nachfolger (Mathias Marth 1719–1721; Friedrich Wilhelm Beer 1721–1747). Eine gründliche Analyse dieses Quellenmaterials liefert Tóth, Gergely: Bél Mátyás pozsonyi diákjai. A pozsonyi evangélikus liceum anyakönyvének vonatkozó részei Bél és utódai megjegyzéseivel. (Die Schüler von Matthias Bel in Pressburg. Die diesbezüglichen Teile der Matrikel des evangelischen Lyzeums in Pressburg mit den Eintragungen Bels und seiner Nachfolger) in: Lymbus 2007, 179–208.

32  Zur Illustration zwei Beispiele: Nr. 37. Georgius Scultéty Vetusoliensis: Natura cum ad studia esse ineptus, et nimia indulgentia Parentum depravatus, sine fructu redit ad suos 1716. m. Dec. (von Natur aus für die Wissenschaften untauglich, von den Eltern zu sehr verwöhnt, die

nur die Schüler der *secunda* und *prima*, später nur diejenigen der *prima* sich eigenhändig eintragen durften, also die Zahl 398 nur einen Teil der ganzen Schülerschaft umfasst. Nach den eigenhändigen *subscriptionen* folgen in tabellarischer Zusammenfassung die übrigen Schüler. Hier wurden die folgenden Rubriken eingerichtet: *nomen, patria, aetas, parentes, classis, adventus, accessus, discessus, mores.*[33]

Bel hielt, worauf er bereits in dem *Project* hingewiesen hatte, die regelmäßige Protokollierung der Arbeit in den Klassen für unerlässlich, um das Tempo und die Wirksamkeit des Unterrichts als Rektor unter Kontrolle halten zu können. In diesem Sinne wurde das *Rationarium Lectionum Scholasticarum Scholae Posoniensis Evangel(ici) Anno 1718. Rectore Matthia Belio ...* angelegt.[34] Bel schrieb das Thema der wöchentlichen Lehrerkonferenzen (*Consultationes commodo rei scholasticae susceptae*) in den Jahren 1718 und 1719 eigenhändig auf. Der Bericht von dem klassenweise behandelten Unterrichtsstoff (*Hebdomadarium*) stammt von anderen. Die *Ephemerides scholasticae* (diese Bezeichnung

---

Schule ohne Erfolg verlassen) Nr. 91. Alexander Okolicsányi de Okolicsna: Homo ad speciem ineptus, diligens tamen et probus, abit 1718. d. 20. Mar. (dem Schein nach ein Schlingel, jedoch ein fleißiger und braver Mensch). In seiner Analyse widmet Tóth (a. a. O., 189–193) besondere Aufmerksamkeit den Schülern, die später Bels Mitarbeiter an dem großen Werk *Notitia* wurden. Es handelt sich um Jakob Kuntz, Samuel Mikovinyi, Gabriel Prónay, Paul Prónay, Ladislaus Radvánszky, David Ruttkay, Johannes Tomka Szászky (er wurde 1732 Konrektor, 1746–1760 Rektor des Pressburger Lyzeums), Kaspar Szulyovszky.

33   Name, Heimat, Alter, Eltern, Klasse, Ankunft, Heimkehr, Weggehen (Schulwechsel), Verhalten

34   Markusovszky nimmt an, dass die Aufzeichnung der Lehrerkonferenzen und des behandelten Unterrichtsstoffes bereits im Jahre 1714, also gleich nach dem Antritt von Bel angefangen wurde: Er begründet diese Annahme damit, dass einerseits Bel in seinem *Project* die Wichtigkeit dieser Maßnahme betonte und andererseits die Aufzeichnungen im Jahr 1718 ohne jegliche Einführung beginnen. Markusovszky a. a. O., 209.

steht auf dem Rücken des Bandes 1718-1720.) wurden von Bels Nachfolgern weitergeführt.[35]

Im Spiegel dieser Dokumente (Project, Matricula, Ephemerides) entfaltet sich das Bild des von Bel gestalteten, systematisch konzipierten und funktionierenden Schulbetriebes, dessen Mustergültigkeit unter den Schulmännern seiner Zeit Anerkennung fand. Im Königreich Ungarn gab es im 17. und 18. Jahrhundert zwei Schulsysteme: das gegliederte katholische und das protestantische Schulsystem. Im katholischen System funktionierten die einzelnen Sektionen in selbständigen, besonderen Schuleinrichtungen (Volksschule, Gymnasium und Akademie oder Universität). Bei den Protestanten entwickelte sich das System der reformierten Kollegien bzw. der evangelischen Lyzeen. In diesen Einrichtungen waren die einzelnen Sektionen verschmolzen, d.h., in derselben Institution konnte man Unterstufe, Mittelstufe (Gymnasium) und sogar Theologie auf akademischer Stufe absolvieren, wie in dem reformierten Kollegium von Debrecen.[36]

In Bels Lyzeum[37] gab es sechs Klassen und die Dauer der Schulzeit betrug 9-10 Jahre, weil die prima, secunda und quinta zwei, die sexta zwei oder drei Jahre in Anspruch nahm. Die Kinder begannen 5-6-jährig die Schule, und wenn alles gut ging, verließen sie die Institution als Absolventen der prima, also

---

35  Cat. manuscript registriert bis zum Jahr 1751 sechs Bände (Nr. 110. Bd. 378), Markusovszky a. a. O., 205-210 spricht noch von Aufzeichnungen bis einschließlich des Jahres 1754, die ebenfalls in dem Pressburger evangelischen Lyzeum aufbewahrt werden. Die Ephemerides aus der Zeit 1755-1775 werden nach Angabe von Fináczy in dem Ungarischen Nationalmuseum aufbewahrt. Dazu: Fináczy, Ernő: A magyarországi közoktatás története Mária Terézia korában. (Die Geschichte des ungarischen Unterrichtswesens in der Zeit Maria Theresias) Bd. I. 1740-1773. Budapest 1899, 201.

36  Mészáros a. a. O., 52ff.

37  In der ungarischen Fachliteratur schildert man Bels Schule und seine Erneuerungen im Grunde genommen aufgrund von zwei Werken: Haan, Lajos, siehe Fußnote 15 und Markusovszky, Sámuel, siehe Fußnote 26.

vorbereitet für das Studium an einer Akademie oder Universität. Der Unterricht lief das ganze Jahr, vormittags von 8 bis 10 Uhr, bzw. im Sommer von 7 bis 10, nachmittags von 2 bis 4. Zwischen dem 28. Juli und dem 28. August gab es nur Frühunterricht. Die Unterrichtssprache war in den unteren Klassen Deutsch, die Schüler mit slowakischer oder ungarischer Muttersprache wurden in den Unterricht integriert. Nicht selten kamen Schüler aus anderen Gebieten des Königreichs, um Deutsch zu lernen. Mit dem Latein begann man bereits in der *sexta*, in die *quinta* konnten nur diejenigen Schüler gelangen, die deutsch und lateinisch fließend lesen konnten, in die *tertia* wurden nur diejenigen versetzt, die lateinisch verstehen und sprechen konnten. In den höheren Klassen sprach man ausschließlich lateinisch.[38] Das Pressburger Lyzeum vermittelte das gepflegte klassische Latein mit hervorragendem Erfolg: Samuel Markusovszky, der Chronist des Lyzeums, erwähnt in diesem Zusammenhang, dass das Reformierte Kollegium von Sárospatak zwei Pressburger Absolventen für den Lateinunterricht zur Erhöhung des Niveaus einsetzte.[39] Der Ruf des Lyzeums wurde während Bels Rektorat Jahr für Jahr besser, die Zahl der Schüler nahm stark zu, gleich nach dem ersten Jahr von Bels Amtszeit besuchten mehr als 200, in den dreißiger Jahren jährlich 400–450 Jungs die Schule: in den unteren Klassen bis einschließlich der *quarta* stammte die Mehrzahl der Kinder aus der Stadt selbst (und viele beendeten in dieser Klasse ihre Schulzeit), in die oberen Klassen kamen die Schüler aus anderen Gebieten des Landes. Bei der wachsenden Zahl der Schüler wurde das Schulgebäude zu eng, gelegentlich mussten Räume in den Nachbarhäusern gemietet werden.[40]

---

38 Markusovszky a.a. O, 219.
39 Markusovszky a. a. O., 224.
40 Markusovszky a. a. O., 263–281 schildert ausführlich die Gründe des allmählichen Verfalls der Schule nach der Jahrhundertmitte. Er meint, dass es außer der untüchtigen Leitung der Schule auch mit Pressburgs

Bels Verdienst war nicht nur die Wiederherstellung der schulischen Ordnung nach einer Periode des Zerfalls, sondern auch
der Umstand, dass er als ehemaliger Hallenser Student (obwohl
es ihm gewiss bewusst war, dass Franckes pädagogischer Realismus in keiner der Schulen im Königreich Ungarn restlos zu
verwirklichen gewesen wäre), mit einigen Erneuerungen in die
Richtung der Modernisierung des Lehrplans, der Unterrichtsmethode und der Organisation des Unterrichts wies.

1719 verließ Bel das Lyzeum. Er widmete sich dem Pfarrberuf in
Pressburg und entfaltete eine breit angelegte wissenschaftlich-
schriftstellerische Tätigkeit.

Kein Wunder, dass im Rahmen dieser Literaten-Aktivität
auch Lehrbücher entstanden. Das Problem der Lehrbücher hatte bereits in Bels *Project* eine eminente Stelle erhalten, worauf
bereits hingewiesen wurde. Als erfahrener Schulmann emp-
fiehlt bzw. verwirft er nicht nur bekannte Lehrwerke, sondern
adaptiert Materialien von ausländischen Autoren an die lan-
desübliche Schulpraxis und schreibt auch selber mehrere.[41]

Seiner *Grammatica latina* ... 1717 legt er die Konzeption von
Cellarius zugrunde. Einführend schreibt er über verfehlte Un-
terrichtsmethoden und Erfolglosigkeit des Lateinunterrichts.
Bekannter und verbreiteter war Bels anderes Cellarius-Buch:
*Christophori Cellarii latinitatis probatae* ... 1719, das mehrere Ausgaben erlebte. Das Buch hat den besonderen Vorteil, dass es
viersprachig ist (lateinisch, deutsch, slowakisch, ungarisch),
um Schüler unterschiedlicher Muttersprache ins Lateinische
einzuführen, was Bel als eine methodische Faustregel vertrat.
Er formuliert im Buch weitere methodische Prinzipien, wie z. B.:

---

zunehmender Bedeutung unter Maria Theresia zusammenhing: Die
luxuriöse Lebensführung der Aristokraten und Bürger wirkte negativ
auf die schulische Disziplin.

41  Sipos a. a. O., 221–227 gibt eine ausführliche Analyse von Bels Lehrbü-
    chern. Die hier im Folgenden angeführten Zitate aus den Vorworten
    dieser Lehrbücher sind aus dieser Analyse übernommen worden.

Anstatt dem Einpauken unverstandener Texte soll man das Verstehen mit grammatikalischen Erklärungen unterstützen.

Das Vorwort seiner *Rhetorices veteris … 1717* ist ebenfalls didaktischen Problemen gewidmet. Bel schreibt unter anderen darüber, dass man die Schüler zur Hauslektüre anhalten soll.

Seine deutsche Grammatik, die *Institutiones linguae Germanicae … 1718*, ist die älteste vollständige deutsche Grammatik, die in Ungarn gedruckt wurde. Im langen lateinischen Vorwort geht er auf Fragen ein, die im modernen Sprachunterricht ebenfalls thematisiert werden: die Wichtigkeit des Sprachenlernens, das Verhältnis der Dialekte und der Norm (Literatursprache), solide Kenntnis der Grammatik der Muttersprache als Grundlage für das Erlernen einer Fremdsprache.

Bels bekanntestes Lehrbuch ist *Der ungarische Sprachmeister … 1729*: 100 Jahre nach dem ersten Druck im Jahr 1829 kam seine 13. Ausgabe in Pressburg heraus. In der umfangreichen deutschsprachigen Einführung gibt er die Schuld an der Unbekanntheit der ungarischen Sprache den Ungarn selbst: „Die Haupt-Ursache möchte wohl der Mangel an Commercien mit entlegenen Ländern seyn. Nächst dem aber bleibt die Schuld selbst auf uns Ungarn sitzen die wir nun zur Zeit weder fremde Sprache zu erlernen einige Mühe geben wollen, noch auch Fleiss angewendet, die unserige bey denen benachbarten Völkern bekannt und wo nicht nöthig doch beliebt zu machen." Interessant sind seine Ratschläge, in denen er den Männern die gründliche Kenntnis der grammatikalischen Regeln, dem „löblichen Frauenzimmer" aber die Konversation vorschreibt. Im Anhang sind Gespräche zur Vermittlung der praktischen Sprachkenntnisse, die für den heutigen Leser einen Einblick in die damaligen Alltagssituationen gewähren.

Wie aus diesen kurzen Hinweisen auf die Problemstellungen der Vorworte hervorgeht, folgen die Lehrbücher Bels den pädagogischen Prinzipien, die er in seinem *Project* erörtert: Anstatt leblosem Pauken fordert er Verstehen und Interessiertheit.

Er stellt mit seinen Sprachbüchern neben das Latein programmatisch die modernen Sprachen, mit dem Hinweis auf ihre Vermittlerrolle in der gesellschaftlichen Praxis: „so ist die Bemühung derer jenigen höchst löblich, die nach Vermögen dahin trachten dass durch gemeinschaftliche Erlernung der unterschiedenen Sprachen die Menschen gesellschaftlicher und untereinander beträglicher gemachet werden möchten", schreibt er in seinem *ungarischen Sprachmeister.*

Die Auffassung, dass vieles, was er schrieb, in der Welt der Schule wurzelt, trifft zu. Bei seinen Lehrbüchern liegt der schulische Impuls auf der Hand. Vielleicht weniger evident, jedoch auch wahr ist, dass er die Anregung zu dem Unternehmen seiner Notitia[42] ebenfalls in der Schulpraxis bekam. Die *primaner* des Lyzeums sollten, worauf Bel in seinem *Project* hinwies, Unterricht der Geschichte und der Geographie des eigenen Landes, also des ungarischen Königreichs, bekommen. Er stellte für den Unterricht eigenes Unterrichtsmaterial zusammen, darüber hinaus gab er den Schülern den Auftrag, die historischen, volkskundlichen und geographischen Besonderheiten ihres Geburtsorts aufzuschreiben. Damit diese Sammeltätigkeit nach Plan und ordentlich ausgeführt wurde, stellte er einen diesbezüglichen Fragebogen zusammen, mit dem die Schüler den Dorfpfarrer oder Volksschullehrer aufsuchen sollten. Das auf diese Weise zusammengetragene Material, sowie die Idee der Einbeziehung von Mitarbeitern aus allen Landesteilen, bildeten den Ausgangpunkt zu dem gewagten Unternehmen, dessen Konzeption in der staatenkundlichen Richtung Ludewigs begründet ist.[43] Mit dem Plan der Notitia unter dem Titel *Prodromus*[44] gewann Bel auch die Unterstützung von Karl III. Er

---

42  Notitia Hungariae Novae Historico-Geographica ... 1735–1742.
43  Haan a. a. O., 35. gibt eine Liste der früheren historisch-geographischen Darstellungen des Landes, die weder zuverlässig noch umfassend waren.
44  Hungariae Antiquae et Novae Prodromus ... Norimbergae, ... MDCCXXIII.

mobilisierte die Literaten der Zeit und baute ein Netz von Beiträgern aus, unter denen man auch seine Schüler und Nachfolger findet. Vom Riesenwerk *Notitia* wurden bis zu seinem Tod fünf Bände gedruckt, der größere Teil des Materials blieb Manuscript. Im *Prodromus* versprach Bel auch Schriften über *Hungaria antiqua*, die Schriftensammlung ist jedoch nicht zustande gekommen, der *Adparatus*,[45] eine kritische Quellenpublikation, ist der wertvolle Ersatz für diesen ursprünglichen Plan.

Obwohl in diesem Rahmen keine vollständige Aufzählung von Bels Werken[46] angestrebt werden kann, soll hier doch abschließend noch die *Nova Posoniensia* erwähnt werden. Diese Wochenzeitung, die erste regelmäßig erscheinende Zeitung im Königreich, deren erste Nummer am 15. März 1721 herauskam, wird in der Fachliteratur[47] mit Bels Namen in Verbindung gesetzt. Ob er an der Redaktion dieses kurzlebigen lateinischen Blattes mitwirkte, dafür gibt es keine direkten Hinweise. Aus seinem Briefwechsel geht jedoch hervor, dass er einem Lehrerfreund die Zeitung wegen des guten Lateins empfahl.[48] Der ehemalige Francke-Student weiß um die Bedeutung des Zeitungslesens, dem das große Vorbild innerhalb des Lateinunterrichts die Funktion verliehen hatte, Namen moderner Erfindungen, außerdem geographische, historische genealogische und heraldische Kenntnisse zu vermitteln. Die *Nova Posoniensia* berichtet über Gründung von Akademien, Expeditionen, beschreibt seltene Naturerscheinungen, in ihrer monatlichen Beilage erscheinen die Ereignisse des Monats, Sacherklärungen, Kommentare: ein Informationsblatt und zugleich Sprachmeister für die Schule nach der frankeschen Konzeption. Das Unternehmen war

---

45  Adparatus ad Historiam Hungariae ...Posonii, ... MDCCXXXV.
46  Sein Œuvre ist in der 1984 heraugegebenen Bibliographie erschlossen: Matej Bel 1684-1749. Vyberová personálna bibliografia. Matica Slovenska 1984.
47  Haan a. a. O., 34, Sipos a. a. O., 229.
48  Haan eba.

kurzlebig, über die Gründe der Einstellung der Zeitung (September 1722) wissen die Quellen nichts Genaues.

In diesem kurzen Portrait wurden die Tätigkeitsfelder eines Gelehrten hervorgehoben, die mit der Schule in direktem Kontakt standen. Matthias Bel kam als Geistlicher in dieser Darstellung nicht zur Sprache, zu Unrecht: In einer Gemeinde wie der damaligen Pressburger evangelisch-pietistischen, funktionierten Schule und Kirche beinahe als eine Einheit. Dieser enge Kontakt wurde nicht nur institutionell gesichert, sondern auch personell. Bel war z. B. in Neusohl Konrektor und Geistlicher zugleich und in Pressburg ging er von der Schule in den Kirchendienst. Und als Mann der Kirche wirkte er mit seinen Publikationen[49] ebenso im Geist des Pietismus wie als Schulorganisator.

Die Darstellung einer Pädagogenlaufbahn ist ohne die Aufzählung der berühmten Schüler nicht vollständig. Es wäre unangemessen, diese Aufzählung nicht mit seinem Sohn Karl Andreas Bel (1717–1782) zu beginnen, auch wenn er mit seinen Forschungen nicht in die Fußstapfen des Vaters trat. Er wurde in Leipzig Professor der Dichtkunst und Doktor der Rechtswissenschaften, publizierte viel, gab seit 1764 die *Nova Acta Eruditorum* heraus. An erster Stelle der eigentlichen Schüler müssen wir den Verfasser der *Personalia*, also seinen Grabredner nennen: Johannes Tomka-Szászky – er war nicht nur sein Schüler, sondern wurde auch Rektor des Lyzeums. Ein anderer berühmter Schüler, dessen persönliche Unterschrift die *matricula* ebenfalls trägt, ist Samuel Mikovinyi, der Kartograph und Kupferstecher, der vielleicht berühmteste Mitarbeiter der *Notitia*. Anstatt einer Namenliste, die kaum vollständig sein könnte, weil außer Mikovinyi mehrere Mitarbeiter der *Notitia*

---

49  Er publizierte geistliche Literatur in vier Sprachen. Stellvertretend für all diese Publikationen soll hier die revidierte tschechische Ausgabe der *Biblia sacra* stehen (1722, Halle).

ehemalige Bel-Schüler waren, soll hier nur noch eine Person genannt werden: Daniel Tersztyánszky, ein Mitverfasser des ersten umfassenden Schulgesetzes des Königreichs Ungarn, der
Ratio Educationis.

Dieses Dokument, die Ratio Educationis[50], eine Zusammen-
fassung der Reformen in Bezug auf das gesamte ungarische
Schulwesen, wurde von Maria Theresia, der Herrscherin des
Habsburgerreiches und zugleich des Königreichs Ungarn, im
Jahr 1777 erlassen. Die staatlichen Verfügungen betreffen die
Organisation, den Unterrichtsgehalt, die Erziehungsziele, ohne
den konfessionellen Charakter und die traditionelle kirchliche
Unterhaltung der Schulen zu verändern. Ziel war die Modernisierung des Schulwesens unter Berücksichtigung der Einsich-
ten, die die westeuropäische Aufklärung lieferte. In dem langen
Prozess der Aufnahme und Vermittlung wesentlicher Initiati-
ven und Errungenschaften der deutschen pietistisch-protes-
tantischen Erziehung nahm Matthias Bel, ein „Vorkämpfer des
pädagogischen Realismus"[51] eine bedeutende Position ein.

### Einige Bemerkungen zu der Edition von Matthias Bels „Ohnmaßgebliches Project ..."

Der Titel: Ohnmaßgebliches Project wie Die hiesige Evangelische Schule, unter dem Seegen Des Allerhöchsten, Zur Aufnahm
des gemeinen Besten, Wohleinzurichten und fortzuführen sey,
auf hochgeneigtes Begehren Eines Hochlöbl. Kirchen Conuents
wohlbedächtig entworffen und gehorsamst überreichet Anno
1714. Mense Majo.

Das Manuskript befindet sich in der Bibliothek des evangelischen Lyzeums in Bratislava (Pressburg, Pozsony): Bd. 429/.II.

---

50  Mészáros a. a. O., 75–82.
51  Vesely a. a. O., 249.

Es umfasst 40 pp. (320 x 210 mm), die pp. 32–34 sind unbe-
schrieben. Auf pp. 35–40 befindet sich ein Stundenplan für
die sechs Klassen der Schule. (Der Stundenplan wird in dieser
Textausgabe wegen mehrerer unleserlichen Stellen nicht mit-
geteilt.)

In dem Katalog der Bel-Manuskripte des evangelischen Lyzeums wird dieses Manuskript als autograph ausgewiesen.[52]

Außer diesem bis jetzt unedierten Manuskript befindet sich
im Archiv des evangelischen Lyzeums das Konzept des Projek-
tes (21ff. 330 x 200 mm), das in dem oben genannten Katalog
ebenfalls als autograph bezeichnet wird: Bd. 429./I. Die Entste-
hungszeit auf f. 1r: „Pressburg 1714. d. 4. Mai."[53]

Der Text beider Manuskripte ist in deutscher Kursive, die
lateinischen Ausdrücke, deren Übersetzung wir, wo es uns als
nötig erscheint, in den Fußnoten bringen, sind in lateinischer
Kursivschrift geschrieben.

Der hier abgedruckten Ausgabe des „Projects" wurde das of-
fizielle, dem Kirchenkonvent eingereichte Exemplar (Bd. 429./
II.) zu Grunde gelegt. Einige unlesbare Stellen oder dem Schrei-
ber unterlaufene eindeutige Schreibfehler wurden aufgrund
des Konzeptes korrigiert. Diese Textstellen stehen in [ ].

Bei der Umschrift des Manuskripts wurde die noch nicht ganz
normierte Rechtschreibung beibehalten. Die einzige Modernisierung ist in dieser Hinsicht die konsequente Großschreibung
der Substantiva, die in dieser Ausgabe aus Gründen des leichteren
Verstehens vorgenommen wurde.

---

52 Bél Mátyás kéziratai a pozsonyi evangélikus líceum könyvtárában (Katalógus). Catalogus manuscriptorum Mattiae Bél, quae in bibliotheca Lycei
Evangelici Posoniensis asservantur. Összeállította (composuit): Tóth,
Gergely OSZK, Gondolat Kiadó 2006, 13, im Weiteren: Cat. manuscript.
53 Cat. manuscript, 12.

# Ohnmaßgebliches Project

wie

## Die hiesige Evangelische Schule,

unter dem Seegen

## Des Allerhöchsten,

Zur aufnahm des gemeinen
Besten,

Wohl einzurichten und fortzuführen sey,
auf hochgeneigtes Begehren

## Eines Hochlöbl. Kirchen Convents

wohlbedächtig entworffen
und
gehorsamst überreichet

## Anno 1714. Mense Majo

Præsentata, publicata, & grato animo acceptata hæc
Methodus in Inclyto Evangelicorum Conventu, Posonii
die 31 Maji 1714

Samuel Hueber
Conventus Syndicus

p. 1.

Ohnmaßgebliches Project wie Die hiesige Evangelische Schule, unter dem Seegen Des Allerhöchsten, Zur Aufnahm des gemeinen Besten, Wohleinzurichten und fortzuführen sey, auf hochgeneigtes Begehren Eines Hochlöbl. Kirchen Conuents[54] wohlbedächtig entworffen und gehorsamst überreichet Anno 1714. Mense Majo.

Praesentata, publicata, et grato animo acceptata haec Methodus in Inclyto Evangelicorum Conventu, Posoni die 31. Mai 1714. Samuel Hueber Conventus syndicus m.p.[55]

p. 3.

Im Namen Jesu Amen!

Nachdem es unläugbar, daß Schuhlen, *Seminaria* oder Pflantz-Garten der vortrefflichsten Männer und Personen seyn, die das meiste zu thun und zu sprechen haben in dieser Welt, folget, daß auf deren guter oder [übeler] Bestallung, wo nicht allezeit der gegenwärtigen doch gewiß der Nachwelt ihr Wohl oder Übelstand beruhet; so kan in Wahrheit kein kräftgers Mittel vor die Hand genommen werden dem Volcke Gottes und dem werthen Vaterlande Heyl und Wohlfahrt zu zubringen, alß wann diejenigen, denen die Aufsicht der Schühler anbefohlen, allen Fleißes dahin bedacht sind, daß diese Pflanz-Garten wohl angeleget und also bestellet werden, daß es darinnen niemahles ermangele an Pflantzen des helgum Preise, die zu seiner Zeit Bäume der Gerechtigkeit, das ist, fromme, gelahrte, freudige, und zur Förderung des allgemeinen Bestens, hurtige und unverdroßene Männer werden. Wenn denn nun ein hochlöblicher

---

54  des Konvents

55  Diese Methode wurde päsentiert, bekannt gemacht und mit gnädigem Herzen akzeptiert im löblichen Konvent der evangelischen Gemeinde, in Pressburg am 31. Mai. Samuel Hueber Prokurator des Konvents mit eigener Hand.

Kirchen *Conuent* hiesiger Evangelischer Gemeine in eben dieser Absicht dem Gemeinen Besten unseres geliebten Vaterlandes Förderung zu seyn dahin bedacht ist, daß das *per injuriam temporum et circumstantias reliquas*[56] verfallene Schul-Wesen wieder eingerichtet, die arme Jugend in der wahren Gottes-Furcht denen freyen Künsten und Wißenschafften heylsamst unterrichtet und auferzogen werden möchte; Auch solchen Gott wohlgefälligen Eyfer, wie durch mancherley gute Anstalte, also auch durch das meiner Wenigkeit *mediante legitima vocatione*[57] aufgetragene *Rectorat* an den Tag geleget; Alß habe im Namen Gottes dero hochgeneigten Begehren und meiner Verpflichtung ein Genügen zu thun was solchen heylsamen Zweck zu erlangen nöthig dienen und nützlich sey nicht nur aus anderer berühmter *Litteratorum*[58] hochvernünftig gegebene Vorschläge, sondern auch eigener geringen Erfahrung erkannt habe, hiermit in aller Bescheidenheit und ohnmaßgäblich gehorsamst entdecken wollen, in ungezweiffelter Hofnung, es werde ein hochlöblicher Kirchen *Conuent*, solche wohlgemeinte Vorschläge hochvernünftig überlegen, und was davon *practicabel* durch dero *Auctoritet* approbieren mithin die *Execution*[59] deßelben mit allen Nachdruck bewerckstelligen, und wenn solches unter dem

Seegen des Allerhöchsten geschehen, mich samt dem ganzen *Collegio Scholastico*[60] dabey hochgeneigt kräfftigst *mainteniren*[61]. Diesem nach folgen:

---

56  wegen der Ungerechtigkeit der Zeiten und anderer Umstände
57  durch eine rechtmäßige Berufung
58  anderer berühmter Gelehrten
59  Ausführung, Verwirklichung
60  schulische Gemeinschaft
61  unterhalten

p. 4.

# I.

## EINIGE ZU DER IM WERCKE BEGRIFFENEN EINRICHTUNG HÖCHSTNÖTHIGEN *PRAESUPPOSITA*[62]

### *Praesuppositum Primum*[63]

Vor allen Dingen müßen, die in allen wohleingerichteten Schulen und *Gymnasiis* eingeführten sechs *Classes* alß *Prima, Secunda, Tertia, Quarta, Quinta* und *Sexta*[64] richtig eingetheilet und mit tüchtigen *Praeceptoribus*[65], deren einjeglicher seine *Classe* wohl und weißlich vorstehen kan, besetzet werden.

Ratio[66]

a.) Weil ohne dieser Eintheilung die Schule in *perpetua confusione*[67] bleiben wird.

b.) Die *Profectus Juventutis*[68] werden dadurch[69] gehindert

c.) Wo keine *Sufficientes Praeceptores*[70] vorhanden das Elend der unwißenden Jugend nur desto mehr vergrößert, ihr ein unwiederbringlicher Schade zugefüget und zum *Studiren* ein höchst schädliches Ekel und Wiederwillen beygebracht wird.

---

62  Voraussetzungen
63  Erste Voraussetzung
64  Erste, zweite ... sechste (Klasse)
65  mit tüchtigen Lehrern
66  Begründung
67  im ständigen Durcheinander
68  die Fortschritte der Jugend (im Lernen)
69  also durch den Khaos
70  genügende Lehrer

Hingegen wo der Vorschlag ins Werck gerichtet werden dörffte

a.) Wird aller Unordnung abgeholfen und vorgebeuget.

b.) Die *Profectus Juventutis* werden desto beßer gegründet, zumahlen, wo man die unzeitigen *translocationes*[71] aus einer *Classe* in die andere, abgeschaffet.

c.) Durch treue Anführung geschickter und väterlich gesinnter *Praeceptorum*[72] bekommen die Schüler zum Lernen Lust und Liebe, und ist ihrem angebohrenen Elende und Unwißenheit unter dem G[ö]ttlichen Seegen desto leichter abgeholfen.

Diesem nach wird ein *Praeceptor Classis Tertiae*[73] oder *Sintaxistarum* bey unserer Schule fehlen, daran doch vieles gelegen.

### Praesuppositum secundum

a.) Können die *Scholares*[74] niemahlen auf einen grünen Zweig kommen, werden hingegen fladderhafft und *vertumni*[75], welches Übel sich sodann auf ihr

Eine jedwede unter den berührten *Classibus*, soll wie den Grund christlicher Lehre, also auch die übrigen Wißenschafften, alß *Grammaticam, Poesin, Rhetoricam, Philosophiam, Geographiam, Historiam*, und *Philologiam*[76] betreffend, ihre *Classicos Auctores*[77] haben, dabey man unverrückt bleiben und dieselbigen nach der vorgeschlagenen Methode, wo es also beliebig seyn wird, deutlich *tractieren* möge. Doch müßen die eingeführten *Auctores* wo nur möglich *unius editionis*[78] seyn.

---

71 Versetzung
72 Lehrer (in Gentiv Plural)
73 Lehrer der dritten Klasse
74 hier: die Schüler
75 Vertumnus: Gott des Wandels und des Wechsels, daher hier: wechselhaft, unbeständig
76 die Grammatik, die Dichtung, die Rhetorik, die Philosophie, die Geographie, die Geschichte und die Philologie
77 Auktoren für die jeweiligen Klassen
78 derselben Ausgabe

Ratio

b.) Wenn keine gewiße *Auctores* eingeführt werden, so fallen gemeiniglich die *docentes*[79] auff Sachen, die ihnen, nicht aber der Jugend anständig. Und da geschehet es, *ut qua levitate aliquid elegerint, eadem levitate id ipsum reiciant.*[80]

p. 5.

ihr gantzes Leben, folglich auf die Verwa[lt]ung der Ämter so sie überkommen erstrecket.

c.) Wenn auch die *Auctores* einerley; es *harmonieren* aber die *editiones*, insonderheit in *Grammaticis* und denen *inferioribus*[81] nicht, so wird *ratio docendi*[82] desto *impeditior*[83].

Hiengegen wo der Vorschlag *accepitiret* werden dörffte

a.) Wird dem *pruritei docentium*[84] abgeholfen, und sie bekommen desto fertigern *habitum*[85]; wird auch ihre Mühwaltung unsäglich vermindert und verleichtert, daß sie nicht leichtlich überdrüßig werden.

b.) Die Jugend verlanget *per omnes classes*[86] einen festen Grund darauf sie so denn füßen kan, und wird in ihren *studiis*[87] beständiger aushalten, folglich zubereitet werden, daß sie in allen ihren Thun beständig und *quadrat*[88] wird.

---

79 Lehrer
80 dass mit derselben Leichtigkeit, mit der sie etwas ausgewählt haben, werden sie es auch verwerfen
81 in der Grammatik und den unteren Fächern (die unteren Facher im Mittelater: das *trivium*: Grammatik, Rhetorik, Dialektik), hier Grammatik, Dichtung, Rhetorik.
82 die Art und Weise des Unterrichts
83 schwerfälliger
84 wörtlich: „der Kitzel" der Lehrenden: die Versuchung, immer neue Lektüre einzuführen
85 die Haltung
86 durch alle Klassen
87 in ihren Studien
88 hier: geschlossen, ständig, befestigt

c.) Die einerley *editiones* sind ungemein nützlich, wie aus der gegebenen Methode erhellet. Von *classicis Auctoribus* werden hauptsächlich die *ad modum Minellii*[89] insonderheit aber des berühmten *Cellarii*[90] seine, wegen vieler Vortheile, vorgeschlagen.

## *Praesuppositum tertium*

Die *Auctores* aber, die da erwähnter maßen *introducirt* werden sollen, sind

ℵ. den Grund christlicher Lehre betreffend und nach allen sechs *classibus* ohnmaßgeblich folgender maßen einzurichten *Classis VI* soll haben:

α) Ein, es sey nach denen Son[n]tägen oder Artikeln des christlichen Glaubens wohl und *cum selectu*[91] eingerichtetes Spruchbüchlein.

β) Nebst dem deutschen *Catechismo Lutheri* ein Frag[-] Büchel, darin ein kurzer Entwurf christlicher Lehre enthalten.

γ) Das Evangelium und Epistlenbuch und zwar in einem *Exemplari*[92] deutsch und latein.

δ) Psalter Büchlein

---

89 Johann Minelli (1625–1683), Herausgeber mehrer Schulausgaben klassischer, römischer Autoren. Ad modum Minelli: „nach Minellis Art" ist die Bezeichnung der Schulausgaben, die nach demselben Prinzip gefertigt wurden (reichlich kommentiert und mit wörtlichen Übersetzungen versehen).

90 Christophorus Cellarius, Christoph Keller (1638–1707): Schuldirektor und Lehrer, Inhaber der Professur der Rhetorik in Halle, Herausgeber lateinischer Texte und Autor lateinischer Grammatiken, die im Gegensatz zu der alten Schulgewohnheit (Auswendiglernen der grammatikalischen Regeln), die selbständige Bildung lateinischer Sätze in den Vordergrund stellten, vgl: Friedrich Paulsen, Geschichte des gelehrten Unterrichts auf den Deutschen Schulen und Universitäten vom Ausgang des Mittelalters bis zur Gegenwart, Leipzig 1885, 358–360.

91 mit einer Auswahl

92 in einem (und demselben) Exemplar

Ratio

1.) Weil die Jugend fein zeitlich einen Vorrath von schönen Lehr, Straff, Warnungs und Trost-Sprüchen von Kindheit an sich zu legen soll nach dem *Exempel Thimothei*[93].

2.) Weil ihr den Zusammenhang der christlichen Lehre, insonderheit die Ordnung des Heils mit den ersten Jahren einzuflößen.

3.) Weil die *Evangelia* zur Übung in deutschen und lateinischen Lesen füglich können gebrauchet werden und die Kinder sich die *Evangelia* und Episteln desto bekannter machen.

*Classis* V. soll beybehalten

p. 6.

α.) Eben daßelbige Spruchbuch, welches in *sexta tract*[iert] wird.

β.) Das Frag-Büchel ne[b]st dem *Cathechismo* gleicher weise

γ.) Die *Evangelia* deutsch und latein

δ.) Psalter Büchlein

In beyden diesen *Classibus* VI. und V. soll ein jedes Kind sich ein deutsches Neues Testament anschaffen.

Ratio

1.) Weil mit Sprüchen auch hier *continuirt* werden muß

2.) Das Frag-Büchel wird *repetirt* und mit dem *Cathechismo* auf das sorgfäl[tig]ste eingeschärfet.

3.) Die *Evangelia* mehr alß in der VI *Classe* auswendig gelernet.

4.) Das Neue Testament soll ein jegliches Kind jederzeit mit führen, umb darauß bey müßigen Stunden ein Stück nach dem anderen zulesen. In der *sexta classe* mag das deutsche Neue Testament auch zur Übung im Lesen gebraucht werden.

---

93    nach dem Beispiel des Timotheus

*Classis* IV. soll haben

α.) Das in vorigen *Classibus tractirte* Spruchbüchlein, Fragbüchel, nebst dem kleinen deutschen lateinischen *Cathechismo Lutheri*.

β.) *Cathecheticam Dieterici minorem*,[94] deutsch und latein. Doch sollen die Kinder [nur] das deutsche auswendig lernen, die Ungarn aber und die Böhmen können beym latein bleiben.

γ.) Die deutsche Biebel, welche gantz wohlfeil zubekommen.

Ratio

1.) Weil die *continua repetitio*[95] der Sprüche, Fragstückel und des kleinen *Cathechismi Lutheri* damit solche nicht in Vergeßenheit kommen mögen, höchstnöthig.

2.) Weil die in *Classem* IV. gelangen nicht alle beym Studiren bleiben, sondern die meiste eine *Proffession* lernen, da sie dann die lateinische *Cathechetic in spem futurae oblivionis*[96] lernen würden: die deutsche aber kommt ihnen *in omni vitae genere*[97] wohl zustatten.

3.) Weil man nun insonderheit in IV.Classe die Jugend zur Lesung der Schrifft, eine Erbauung daraus zu holen anweisen soll.

*Classis* III. soll haben *non neglectis quae in classis inferioribus sunt tractata*[98]

α.) *Dietherici Cathecheticam maiorem latinam*[99]

β.) Nebst der deutschen auch eine lateinische Biebel und ein griechisches Neues Testament.

---

94 Es handelt sich hier um die *Epitome Catechetica Cunradi Dieterici*, einen für Schulzwecke angefertigten luteranischen Katechismus des hessischen Conrad Dietrich (1575-1639).

95 ständiges Wiederholen

96 in der „Hoffnung", dass man es in der Zukunft vergessen wird

97 auf jedem Gebiet des Lebens

98 während die in den unteren Klassen behandelten Sachen nicht vernachlässigt werden

99 Dietrichs großer Katechismus: die *Institutiones Catecheticae*

Ratio

1.) Weil hier der *Dietericus* als ein durchs gantze Vaterland acceptirter *Auctor classicus, plenius*[100], doch *ad captum*[101] *tractiret* werden muß.

2.) Latein muß er *tractiret* werden, weilen diese *Classis* in latein weiter gekommen, und die *Scholares* den *Auctorem* beßer verstehen können.

3.) Weil die Lesung der Biebel hier insonderheit fortgesetzet werden müße.

*Classis* II. soll haben wie *ad classem tertiam*[102] angezeiget worden. Nur daß man die *Scholares* tiefer in die Theologie hinein führen muß.

Ratio

p. 7.

Ratio *ut proxime dictum*[103], und weil die *capacitas der Scholarum*[104] in dieser *Classe* ist größer.

*Classis* I. soll *tractiren*

α) *Theologiam Theticam et Polemicam, sive ad ductum Dieterici, sive ad ductum Königii*[105]. Auch sollen *Hypomonemata Theologiae Moralis*[106] hinzugethan werden.

β) Zur Lesung der Schrifft soll hier eine Einleitung gegeben werden.

---

100  vollständiger
101  nach der Fassungskraft (der Schüler), verständlich
102  wie bei der dritten Klasse
103  wie es vorhin gesagt wurde
104  das Auffassungsvermögen der Schüler
105  Die thetische Theologie (die Dogmatik) und die polemische Theologie (die polemische Darstellung des Lutheranismus, in der die Streitfragen durch Thesen und Antithesen dargestellt waren), entweder nach Dietrich, oder nach König.
106  die Lehren der Moraltheologie

γ) *Absoluto Articulo*[107] soll darüber *in praesentia duarum superiorum classium*[108] disputirt werden.

Ratio: Weil die *Scholares* dieser Classe entweder *Candidati Academiae*[109], oder *Politiae*[110] oder auch zu Zeiten *publicorum munerum*[111] sind; dahero ihnen auch die *Theologie* gründlicher vorgetragen werden muß.

ב. Betrefend die übrigen *Studia* so ist haupts[a]chlich auszumachen was man vor eine *Grammatic* beliebe[n] w[ü]rde zu *introduiren*. Denn das *Compendium Rhenii* nebst dem *Donat*[112] taugen nicht.

Ratio

1.) Weil sie alzu weitläuflig, *obscur* und unbequem sind.

2.) Weil sie in der Sprache geschrieben, die nach Anleitung derselben zu lernen, und der Jugend unbekant ist, so bey denen Anfängern *absurd* und zu vieler unn[ö]thiger Mühe Anlaß giebet.

3.) Weil man *Grammaticas* hat, die in deutscher Sprache bündig und deutlich geschrieben, die folglich mit großem Nützen *introduirt* werden könten.

Hinzu schl[ä]get man ohnmaßgeblich vor *Christophori Cellarii* erleichterte lateinische *Grammatica*, oder kurtze doch zulängliche Anweisung zur lateinischen Sprache um mehreres Nutzes

---

107 nach der Verarbeitung eines Absatzes
108 in der Gegenwart der zwei oberen Klassen
109 an einer Akademie weiterstudieren werden
110 in der Staatsverwaltung arbeiten
111 im öffentlichen Dienst
112 Die Kompendien von Rhenius und Donat: Johann Rhenius (1574–1639): Pädagoge und Author lateinischer und griechischer Grammatiken; Aelius Donatus: ein spätantiker Grammatiker und Rhetorik-Lehrer, er verfasste zwei Grammatiken (*Ars Minor* und die *Ars Major*), diese dienten im Mittelalter als die wichtigsten Hilfsmittel im Unterricht der lateinischen Sprache. Im 16. Jahrhundert entstanden mehrere Kompendien, die die lateinische Grammatik aufgrund der donatschen Grammatik erklärten. Der Ausdruck „*Compendium Donati*" bezieht sich wahrscheinlich auf eine dieser Überarbeitungen.

willen bey der Jugend deutsch abgefaßet, mit eingemengten nützlichen Anmerckungen, so von denen gemeinen *Grammaticis* übergangen worden ist, auf gnädigste fürstliche Verordnung vielfältig heraus gegeben. (Beträget sammt der gantzen *Sintaxi* acht Bögen.)

*Ratio* daß man diese *Grammaticas* vorzuschlagen kein Bedencken träget, ist

1.) Weil sie kurtz, deutlich und gründlich.

2.) Weil sie in deutscher Sprache geschrieben, folglich das *taedium discendi*[113] bey der Jugend, die sich vor der *Grammatic* alß für einer Popantz f[ü]rchtet, von sich selbsten fallen würde.

3.) Weil man des unnöthigen *Memorirens* nach angezeigter *methode*, würde entbehren können.

4.) Weil gleich in VI. und V. *Classe* der Anfang damit gemachet hingegen der *Donat* gäntzlich abgeschaffet werden könne. Anderer *commodorum*[114] zugeschweigen.

p. 8.

5.) Endlich weil sie in denen besten *Gymnasiis* Deutschlands introducirt.

Wenn nun die Sache wegen der *Grammaticae* ausgemacht und die *Grammatica Cellarii* introducirt würde, so möchte sodann die Ordnung der vier *Classium inferiorum*[115] diese seyn.

Es soll nemlich

*Classis* VI. haben

α) Gedachte *Grammaticam Cellarii*

β) Den daran gedruckten *Librum Memorialem Lationitatis probatae et exercitae eiusdem Cellarii*[116]

γ) Rechnen und Schreiben soll hier den Anfang nehmen.

---

113  Ekel am Lernen
114  Vorteile
115  der vier unteren Klassen
116  Christoph Kellers Lateinisch-Deutsches Wörterbuch

Ratio

   1.)   Weil diese *Gramatica in locum Donati*[117] *succediiren* würde

   2.)   Weil mit denen *primitivis vocabulis*[118] hier der Anfang geschehen soll.

*Classis* V. behält gleicher weise

α) *Grammaticam Cellarii*

β) *Librum Memorialem ejusdem*

γ) *Colloquia Castalionis*[119]

δ) Rechnen und Schreiben soll hier fortgesetzt werden.

*Ratio quae supra.*[120] Insonderheit wird nun in dieser *Classe* nebst den *vocabulis* Libri Memorialis[121] der Anfang gemacht mit denen *Colloquiis Castalionis* aus Ursache;

   1.)   Weil die Jugend allgemach zu einem lateinischen *Auctor* zugewöhnen, wie sie solchen verstehen soll.

   2.)   Weil die *Colloquia Castalionis* rein Latein und die bieblischen *Historien* in sich halten, folglich recht anmutig sind

*Classis* IV. behält ebener maßen.

α) *Grammatica Cellarii*, nebst der *Sintaxi Simplici*[122] dazu das *Tirocinium Rhenii*[123].

β) *Librum Memorialem Cellarii*

---

117  an Donats Stelle

118  mit den ersten, einfachen Wörtern

119  Die *Dialogi sacri* ein Schulbuch mit biblischen Geschichten in Dialogform des französischen Gelehrten Sebastian Castellio, eigentlich Sébastien Châtillon (1515–1563).

120  Begründung: dieselbe, wie oben

121  neben den Wörtern des *Liber memorialis*

122  der einfachen Syntax

123  Das *Tirocinium latinae linguae, facillima ratione pueris commostrans Usum Declinationum et Conjugationum, nec non communiorum Regularum Syntaxeos* ist ein Elementarlehrbuch der lateinischen Sprache, dessen Autor, Johann Rhenius (1574–1639) Konrektor in Leipzig und Lehrer in Eisleben, Kiel und Husum war. Er verfasste mehrere lateinische Grammatiken und edierte lateinische Texte.

γ) *Colloquia Castalionis*, die eben hier nun *plenius tractiret* werden, wie davon unten in der gegebenen *Methode* Nachricht zu finden.

δ) Rechnen und Schreiben wird auch *continuirt*.

*Classis* III. soll haben

α, *Grammaticam Cellarii* und darinnen hauptsächlich die *Sintaxim simplicem, figuratam, ornatam.*[124]

β) *Librum Memorialem*, welches auch hier beybehalten wird *ad repetendum.*[125]

γ) *Cornelium Nepotem*, so jährlich nach unten vorgeschriebenen *Methodum absolviret* werden soll.

p. 9.

δ.) Hier fänget man auch an die Jugend zum Griechischen, zur *Geographie* und zur *Historie* anzuführen.

*Classis* II. soll haben

א. *Poesin* und darinn

α.) Die bequemsten *Praecepta*[126] in *verse* verfaßet

β.) *Hugonis pia desideria, loco Auctoris*[127], und anderes.

γ) Wöchentlich ein *Exercitium Poeticum ad elaborandum privatim*[128]; eines aber in *Schola*.

*Ratio.* Weil der *docens* wohl zu sehen muß, daß mit der *Poesi*, die *vanitas* und *spurcities poetarum*[129] der ohne dem leichtsinnigen

---

124 in der Unterscheidung zwischen der *syntaxis simplex* und *syntaxis figurata/ornata* steht erstere für die ungeschmückte, „natürliche" Art des Satzbaus, während letztere für die von dieser einfachen Redeweise abweichende Art der Satzkonstruktion, die Gegenstand der Rhetorik ist.

125 zum Wiederholen

126 Regeln

127 Hugo Herman (1588–1629), ein belgischer Jesuit, sein *Pia desideria* (1624) gehörte zu den verbreitesten Werken der barocken Emblematik: hier werden Textstellen von ihm empfohlen.

128 eine poetische Übung zum selbstständigen Ausarbeiten (Hausaufgabe)

129 die Lügenhaftigkeit und Unflätigkeit der Dichter

Jugend nicht möge eingeflößet werden, so schläget man *Hugonis pia desideria* vor, dene darinnen ist

1.) Die *Materia carminis*[130] geistlich

2.) Der *Stylus* und die *Invention* recht *Poetisch*

Die *Mythologia* beyzubringen findet sich bey der *Explication* des *Auctoris* schön Gelegenheit. Zur Zeit kan man auch einige *locos*[131] aus dem *Castis Poetis*[132] nehmen und daraus *Parodias*[133] machen.

ב. Rhetoricam und zwar

α) *Praecepta Vossio –Mitternachtiana*[134]

β.) *Julium Caesarem*

γ.) *Epistolas Ciceronis*[135]

δ.) *Exercitia Styli*[136], so theils in *Epistolis*, theils in *Chriis*[137] bestehen sollen.

---

130 das Thema des Gedichtes

131 (Text)stellen

132 aus den Reinen Dichtern d.h. aus einer für Schüler gereinigte Sammlung aus der Dichtung, zusammengestellt von Johannes Gigas (1514–1581, evang. Theologe, Pädagoge): *Elegantiores Versus De Christiana Religione Et moribus ex Prudentio Lactanio & alijs castis poetis delecti pro pueris.* Leipzig 1541.

133 eigentlich „Gegengesang", eine verzerrende Nachahmung des Modells, hier allerdings Nachahmung ohne die Geste der Kritik, Ironie oder Verspottung, demzufolge näher dem Begriff „Paraphrase".

134 Gerhard Johannes Vossius (1577–1649), der niederländische Philologe und Theologe, verfasste zwei Rhetoriklehrbücher: das *Commentariorum rhetoricorum, sive oratoriarum libri sex* (1606) und eine komprimierte Fassung desselben Werkes, das *Rhetorices contractae, sive partitionum oratoriarum libri quinque* (1621). Letzteres hatte eine große Verbreitung. Diese kürzere Fassung wurde von Johann Sebastian Mitternacht, dem deutschen Theologen, Pädagogen und Rhetoriker (1613 1679) überarbeitet und wurde daher *Rhetorica Vossio-Mitternachtiana* genannt.

135 Ciceros Briefe

136 Stilübungen

137 Die Chria ist eine rhetorische Übung, in der eine Aussage nach einer vorgeschriebenen Anordnung erläutert werden soll.

Ratio, denn;

1.) Die Praecepta Rhetorices Vossio-Mitternachtiana sind [kurtz] und in den besten Gymnasiis Germaniae gangbar.

2.) Julii Caesaris Stylus planus, aequalis[138] und nett.

3.) Epistolae Ciceronis dienen hauptsächlich ad Stylum Epistolarem conciliandum[139]

ϗ. In Lingvis[140] kann in dieser Classe auch fortgefahren werden.

α.) In Graecis, werden nebst dem Lesen die Declinationes und den Typus Verborum Regularium[141] eingeschärfet.

β.) Dazu das Neue Testament dienen soll, so hier gelesen werden muß.

γ.) Praecepta Grammatica quo fuerint breviora, eo erunt meliora. [142] Man hat zu diesem Ende einen Nucleum Grammaticae Graecae[143] verfertiget.

δ.) In Hebraeis kan bey denen die Theologia studiren wollen, der Anfang im Lesen gemacht werden.

Ratio. Weil die griechische Sprache ein unentbährliches Stück ist zur Gelahrsamkeit. Doch soll hiebey sorgfältig Delectus ingeniorum[144] gehalten werden.

Hier fährt man zu gewißen Stunden in der Einleitung zur Geographie und Historie fort.

---

138 der Stil des Julius Caesars ist einfach, gleichmäßig und nett.

139 zum Erwerben des Briefstils

140 In den Sprachen: Griechisch und Hebräisch: die zwei weiteren heiligen Sprachen neben dem Lateinischen; diese beiden Sprachen haben einen anderen Status, als Latein, weil Latein nicht nur als heilige Sprache gesehen wurde, bzw. nicht nur als Bibelsprache gesehen und unterrichtet wurde.

141 die regelmäßigen Verben

142 Je kürzer die Regeln der Grammatik sein werden, desto besser werden sie sein.

143 „Der Kern der griechischen Grammatik." Das Griechische wurde nur wegen des Neuen Testaments unterrichtet, die griechischen Autoren der Antike wurden also nicht gelesen.

144 die Aussonderung der begabten Schüler

*Classis* I. soll haben nebst der Theologie, *Studia Philologica* und *Philosophica*

α) Die griechische Sprache soll hier nun in etwas gründlicher

p. 10.

gründlicher vorgenommen werden. Da dann nebst denen *praeceptis Grammaticis* das Neue *Testament*, Macarii *Homilia*[145] und wenn man es unter dem Seegen Gottes dahin gebracht auch *Eutropius*[146] sollet *tractirt* werden.

β) Die hebraische Sprache soll auch gründlich eingeschärfft werden, dahin gehören *Nucleus Gramatica Hebrae Langii*[147], et *continua codicis hebrai lectio*[148]. *Item doctrina Accentuum*[149]. Hinzu sollen zwey Tage in der Woche *emploiret* werden.

γ.) *In Philosophicis* soll jährlich einmahl und nach Befinden mehrmahls die *Logica vulgaris*, es sey *Scharfii*[150] oder *Saurii*[151], oder *Grosseri*[152] gründlich durch*tractirt* werden. Und darauf nach

---

145 die unter dem Namen des Makarios des Ägypters (300–390) fälschlicherweise überlieferten 50 Homilien (=Predigten)

146 ein römischer Historiker der Spätantike (?–390 n. Ch.), sein *Breviarium ab urbe condita* wurde im 4. Jahrhundert übersetzt und wurde zur Schullektüre

147 Joachim Lange (1670–1744), Professor der Theologie in Halle, verfasste das Lehrbuch der hebräischen Sprache: *Nucleus grammaticae hebraeae facilis ac perspicuus* (o.J.)

148 die Bahnlesung des Alten Testaments; Bahnlesung: die Praxis, die Bibel, bzw. einzelne Bücher der Bibel über einen längeren Zeitraum fortlaufend zu lesen

149 die Lehre der Akzente

150 Johannes Scharf (1595–1660), Professor der Logik in Wittenberg, Verfasser mehrerer Logikhandbücher

151 Jakob Saur: Student in Wittenberg, evangelischer Pfarrer in Schwerin, Verfasser des *Syntagmatis Logici, Libri VI.* (1656)

152 gemeint wahrscheinlich der von 1695 bis 1737 in 8 Ausgaben erschienene *Pharus intellectus*, ein Lehrbuch der Logik für den Schulgebrauch des Samuel Grosser (1664–1736), Student in Leipzig, Rektor in Altenburg und in Görlitz

Anleitung *Celeberrimi Buddei*[153] die übrigen *Partes Philosophiae Eclecticae, tum Instrumentalis, tum Theoreticae, tum etiam practicae* kurtz und *Methodice* vorgenommen werden. Die hinzu gehörenden *Disputationes* werden nicht aus der Acht gelassen. Und hierzu sollen auch zwey Tage in der Woche *emploiret* werden.

δ.) Damit aber der *Stylus oratorius* unterhalten, und mehr und mehr *excolirt* werden möchte, sollen zu dem Ende in denen Mittags Stünden *orationes Ciceronis selectae*[154] *explicirt, excerpirt* und *imitirt* werden. Auch soll in jeden zwey Wochen eine Oration elaborirt und *corrigirt* werden.

Endlich soll das *Studium Geographicum*, und *Historicum* hauptsächlich *Historia Patriae, tanquam condimentum reliquorum studiorum*[155] bey gelegener Zeit getrieben werden. *Quae porro moneri deberent, si opus fuerit viva voce illustrabuntur.*[156]

Wo nun dieser ohnmaßgeblicher und wohlgemeinter Vorschlag, hochgeneigt *acceptirt* und *aprobirt* würde, so möchte der *Methodus docendi, inprimis humaniora*[157], folgender seyn.

---

153  Johann Franz Buddeus (1667–1729): studierte in Wittenberg, seit 1693 Professor für Moralphilosophie in Halle, 1705 wechselte er nach Jena, wo er Professor für Theologie war. Er war Verfasser zahlreicher Lehrbücher zu den im Text aufgezählten Gebieten der Philosophie (diese Gebiete werden mit dem Wort *tum*, d.h. „weiterhin" miteinander verknüpft.

154  Ciceros ausgewählte Reden

155  die Geschichte der Heimat als Grundlage der übrigen Studien

156  Die Sachen, die weiterhin zu Bedenken gegeben werden sollten, werden, wenn es nötig ist, mündlich erläutert.

157  die Lehrmethode, in erster Linie der humaniora

## II.

## DER EINZUFÜHRENDEN *STUDIORUM METHODUS DOCENDI*

I. Quad Sacra[158]

In denen Classibus inferioribus, soll der Methodus docendi sacra, alß Sprüche, Cathechismus, Frag-Büchel, Evangelia und Psalter, bleiben wie vorhero, danach also, daß die Stunden in etwas restringiret, die Sach mit größerem Eifer und sorgfältiger getrieben wird. Zur Lesung des Neuen Testaments soll eine und andere Stunde in der Woche ausgesetzet werden. Zu denen Classibus Superioribus aber wird der Rector möglichsten Fleißes dahin bedacht seyn, daß die Catechetica Dieterici, also möge vorgetragen werden, damit nicht nur das Wißen, sondern nebst dem auch hauptsächlich das Gewissen möge geschärffet werden.

II. Quoad Humaniora[159]

Lateinische Classen

Methodus Classis VI. sive Parvistarum[160]
§ I.
In dieser Classe sollen die Kinder die gantze Woche hindurch in gewißen Stunden

p. 11.

Stunden in deutschen und lateinischen Lesen geübet werden, nehmlich die ersten 3 Tage im Lateinischen, die letzten 3 aber im Deutschen; zum lateinischen und deutschen Lesen können die Latino-Germanica Evangelia gebraucht werden. Hierbey ist

---

158 hinsichtlich der Heiligen Studien
159 hinsichtlich der Humaniora
160 die Methode der sechsten Klasse, oder der „parvistae"; die Parvistae waren die jüngsten Schüler

zu *observiren*, daß der *Informator* fleißig zusehen wird, daß die Kinder in der *attention* erhalten werden, daher er sie nicht immer in der Ordnung wie sie sitzen, lesen lässet, sondern bald diesen, bald jenen auffrufft, sonderlich die er mercket, daß sie nicht Achtung geben. Auch soll er einen nicht so viel lesen laßen, damit er in einer Stunde etlichmahl herum komme, nachdem die Kinder viel oder wenig sind. Wenn ein Kind ein Wort so bald nicht trifft, so soll der *Praeceptor* nicht alßbald einhelffen, sondern es buchstabieren laßen, auch sollen die anderen ihm nicht zu blasen. Wenn die Kinder schon im Lesen gut geübet sind, so kan der *Informator* sie nur 3/4 Stunden lesen laßen, die letzte viertel Stunde aber kan er zur *Repetirung* derer den vorigen Tag erlernten *vocabulorum* verwenden.

§ II.

In den anderen Stunden sollen die Kinder die *primitiva*[161] aus der *Cellarii Libro memoriali* lernen. Hier muß der *Informator* wohl unterscheiden die *ingenia*, indem nicht alle gleich sind, und also auch nicht alle gleich viel lernen können; deroweisen müßen sie in unterschiedlichen Ordnungen, zum wenigsten in 2 eingetheilet werden. Die *vocabula* lieset der *Informator* erst langsam und deutlich vor und *repetirt* ein Wort 3 oder 4 mahl bey denen *Nominibus* sagt er den *Genitivum* darzu, bey denen *verbis* das *praeteritum, supinum* und *infinitivus*, darnach läßet er es die Kinder laut wieder durchlesen, einen nach dem anderen, doch nur einen auf einmahl, die anderen müßen sachte nachlesen, da er den bißweilen einen unversehens fortlesen läßet, damit die alle bey der *attention* bleiben, und durch das Lesen sich die *vocabula* bekandt machen und auswendig lernen.

§ III.

Wenn also mit Lesen eine halbe Stunde zugebracht worden, dann müßen sie die Bücher zu machen und zurück legen, da denn der *Informator* einen nach dem anderen *examinirt*. Wo[r]bey

---

161 die Stammwörter

dieses in Acht zu nehmen, daß er ja nicht alle zu gleich antworten laße, noch zugebe, daß sie ein ander zublasen, er fragt auch die *vocabula* nicht allezeit nach der Reihe wie sie im Buche stehen sondern nur das erstemahl, und darauf bald oben, bald unten bald in der Mitten, bald deutsch, bald lateinisch, damit die Knaben sich dieselben desto beßer *imprimiren*. Zuletzt lieset der *Informator* ihnen die *vocabula* wieder vor, welche sie den folgenden Tag zu lernen haben, und befiehlet, daß solches zu Hause fleißig überlesen mögen.

§ IV.

In der einen Stunde Nachmittag wird die *Grammatic* des Herren

p. 12.

Herren *Cellarii tractiret*, und zwar das allervornehmste aus der selben *e.g. de Nomine, de genere*, was mit großen Buchstaben gedruckt ist, *item* die 5 *Declin* (: die Anmerckungen bey diesen bleiben aussen:) und was sonst der Jugend mit Anmuth und gleichsam spielend beygebracht werden kan. Nur soll der *Praeceptor* zusehen, daß die Kinder ja nicht mögen überhäuffet, und so dann überdrüßig gemacht werden. Hier muß der *Informator* [162] ein jedes ihnen etlichmahl deutlich vorlesen, und hernach etlichmahl nachlesen laßen, so dann erkläret er es mit bekanten *Exempeln*, welche er an die Taffel auffschreibet, damit die Kinder es desto beßer begreiffen können. *e.g.* wenn man *de Nomine* handelt, so zeiget man ihnen die Dinge, die in der Stube sind, fraget, wie man solches nenne, und wenn sie solches sagen ein Buch, eine Banck, ein Tisch so lehret man sie, daß solches *Substantiva* seyen, darauff fraget man sie weiter, wie ein jedes Ding, das sie zuvor genennet, aussehe *e.g.* das Buch ist neu, die Banck ist groß. Darauf zeiget man ihnen, daß solches ein *Adjectivum* sey.

---

162 Die Begriffe „*Praeceptor*" und „*Informator*" scheinen bei Bél äquivalente Ausdrücke zu sein.

§ V.

Darauff schreibet man gleich zu denen *Declinationibus*, und läßet das *genus* so lange zurück, biß diese gelernet. Erstens schreibet der *Informator* den deutschen *Articulus* an die Taffel, und
macht denselben den Kindern wohl bekant; wenn sie den können so schreibet man die Endungen der ersten *Declination* auch
an die Taffel und bringet ihnen durch öffters Vor und Nachlesen dieselbe auch bey, darnach nimmt man das Wort, das in der
*Grammatic* stehet, und läßet es sie nach den *typis* die an der Taffel steht, lernen; wischet alsdann das an der Taffel aus, und *pro-*
*birt*, ob sie es auch gefaßet, und wenn sie es gefaßet, so nimmt
man andere Wörter aus ihrem *vocabulario* die sie kurtz vorher
gelehrnet, und läßet sie darnach machen und *exercirt* sie damit
etliche Stunden; fraget bald diesen, bald jenen *casum*, bald nen-
net man den *casum e.g. mensam*, und fraget: was es vor ein *casus*
sey. Und also macht man es bey allen *declinationibus*, worbey zu
mercken, daß man fleißig *repetiren* muß.

§ VI.

Wenn man nun die andere *Declination* hat, daß man immer die
erste wieder repetirt, weil die Kinder es bald gar leicht werden
vergessen. Wann die *Declinationes* also gelernet, so schreitet
man alß dann zu dem *Genus*, lieset ihnen die Haupt-Regeln
vor, schreibet sie ihnen auch wohl an die Taffel, erkläret sie mit
vielen *Exempeln* und läßet sie die Kinder öffters nachlesen. Kan
man etwas von dem *verbo* der Jugend ohngezwungen beybrin-
gen, so ist es desto beßer.

p. 13.

§ VII.

Hier muß der *Praeceptor* wohl Acht auf sich geben, daß er nicht
ungeduldig wird, nicht drein schlägt, nicht schilt, oder sich
sonst ungeb[ä]rdig stellt, sondern alles auf das freundlichste
der Jugend beyzubringen suchet, und ob der erste und andere

Versuch schiene verlohren zu seyn, so soll er anhalten so lange biß es gehafftet.

*Methodus Classis V. sive Principistarum*[163]

§ I.

Wenn nun die *prima fundamenta* in der sechsten *Classe* geleget, so, daß die Kinder fertig lesen und *decliniren* können und die *primitiva* aus dem *Libro Memoriali* durch gelernet haben, so gehet man denn in dieser *Classe* weiter. Da sollen nun die *vocabula* so wohl *primitiva* alß *derivativa* gelernet werden. Hier müßen die Kinder wieder in zwei *Classen* eingetheilet werden, also daß die *veterani* die hurtig sind, in einer, die *novitii*[164] und langsamen in der anderen sind; jene sollen doch alles nach Befinden täglich 2 Seiten, diese aber nur eine lernen. Die *vocabula* muß der *Informator* ihnen laut, langsam und deutlich vorlesen, und darnach von etlichen Knaben laut nachlesen laßen, doch so, daß nur einer laut lieset, und die anderen nachlesen, welche sie hernach auswendig lernen müßen, aus welchen sie den folgenden Tag *clausis et sepositis libris*[165] examinirt werden.

§ II.

Bey dem *examiniren* muß eben das, was *ad Classem* VI ist gesaget worden, in Acht genommen werden, nehmlich man nur einen auf einmahl fraget; daß man die *vocabula* nicht eben nach der Reihe nimmt; sondern bald unten, bald oben, bald in der Mitten, bald lateinisch, bald deutsch, auch daß die anderen nicht zublasen dörffen. Wenn also mit dem *examiniren* Stunden zugebracht, so giebt man ihnen auf oben beschriebener Art eine neue *Lection* vor.

---

163 Die Methode der fünften Klasse, oder der *Principistae*; die *Principistae* waren die Schüler der fünften Klasse.

164 Die *veterani* und die *novitii* sind die Alten und die Neugekommenen. Die Schüler besuchten die fünfte Klasse zwei Jahre lang.

165 mit geschlossenen und beiseitegelegten Büchern, die Schüler mussten die Wörter also auswendig gelernt haben.

§ III.

Drauf wird die *Grammatica Cellarii tractirt*. Weil hier nun schon *praesupponirt* wird, daß einer, der in dieser *Classe* sitzt, fertig *decliniren* auch wißen muß, was ein *Nomen* und wie vielerley daßelbe sey, desgleichen von dem *genere Nominum* die Haupt-Regeln können, auch wo möglich einige *fundamenta* im *conjugiren* haben muß, so fänget man hier die *Grammatic* von fornen [sic!] an, und nimmt in der *Etymologie* ein mehreres mit, ausgenommen, was etwa gar *special* ist, als *p.* 14. die griechischen Endungen it. *p.* 17.18. *iubar* oder *nectar* und dergleichen welches der *Informator* in seinem *Exemplar* notiren kan. Der Anfang vom *Nomine p.* 24. bleibet gantz weg. Bey den *verbis* nimmt man hier nur die *regularia* mit. Die *verba anomala* und *deffectiva* aber bleiben weg. Die *particula inflexibilia* müßen durch öffteres Lesen bekannt werden.

p. 14.

§ IV.

Wenn aber in denen *Exercitiis* etwas *irregulair[e]s* vorkommt, so kan der *Informator* solches ihnen sagen, und dabey es [in] der *Grammatica* laßen nachschlagen, des gleichen auch bey dem *Tirocinio* geschehen kan. Dann also wirds geschehen, daß gleichwohl das meiste ihnen durch das öffters Nachschlagen wird bekannt werden, welches [sie] hernach mit desto leichterer Mühe in IV. werden [f]assen können. Auch wird das *memoriren* der nöthigsten *regularium* in der *Grammatic* desto leichter von statten gehen: damit sonst die Jugend erbärmlich gemartert worden.

§ V.

Nachmittags soll *Rhenii Tirocinium tractirt* werden und zwar auf der Art, wie der *auctor* selbst *in fine libelli*[166] angezeiget hat, welches deswegen der *Informator* lesen, und sich wohl bekannt

---

166  am Ende des Büchleins

machen muß. Es soll zwar in dieser Stunde nun der andere Theil des Buches *de sintaxi p. 130* tractiret werden, doch kan der *Informator* beyden *conjugationibus* auch den ersten Theil gar wohl gebrauchen, nur ist dieses zu mercken, daß, weil der *Auctor* die *Exempla* etwas lang gefaßet der *Informator* solche kurtz faße.

§ VI.

Dienstags sollen die Kinder ein kleines und leichtes *exercitium* kriegen, welches der *Informator* mit ihnen an der Taffel nach der *construction* machet, ein Knab nach dem anderen muß ein *comma*[167] anschreiben, alle aber müssen ihre *Grammatic* in der Hand haben und Regeln nachschlagen, welche auch alßbald kürzlich erkläret. Dieses *exercitium* schreiben die Kinder nicht ein. Sonst aber sollen sie noch eines machen; welches der *Informator* zwar auch mit ihnen an der Tafel machen soll, aber wenn es gemacht soll ers wieder auslöschen, und die Knaben es von sich wieder machen laßen. Hier muß der *Informator* wohl zusehen, daß kein Knab in dem das *exercitium* an der Tafel gemacht wird es abschreibe. Dieses nun sollen sie in ihre Bücher abschreiben, welches hernach der *Informator corrigiren* muß.

§ VII.

*Colloquia Castalionis* fänget man hier an zutreiben, doch also, daß man damit denen Kindern keine Überlast verursachet. Dahero denn die kürtzeste und leichteste *colloquia* auszulesen, und nach der in VI vorgeschriebenen Art, aber mehr flüchtig zu tractieren sind. Und hinzu ist ein munterer *Praeceptor* nöthig.

*Methodus Classis IV. sive Grammatistarum*

[§ I.]

Hier werden die *vocabula* noch getrieben, wie in der vorigen *Classe*, doch so, daß sie mehr, nemlich 2 Seiten lernen müßen, weil sie in VI und V sie schon gelehrnet und auch aus dem

---

167 Abschnitt

*Auctore* ihnen viel bekannt worden, so *repetiren* sie hier nur.
Hier werden nun die *Dialogi Castalionis tractirt* und zwar

p. 15.

Und zwar das gantze Buch, welches doch binnen Jahres Zeyt
*absolvirt* werden muß. Mann hält es hierbey also: Erstens wird
die *Historia* daraus das *Colloquium* genommen denen Knaben
deutsch und latein kürtzlich ertz[ä]hlet. Weil aber öfters die
*Colloquia.* mehr als eine Seite lang sind, so theilet man solches,
nimmt etwa eine Seite auf einmahl, dieses *exponirt* nun der *Informator* einmahl deutlich vor, und läßets ein oder zweymahl
nachmachen, welches *strictissime* nach der *construction* geschehen muß p. 129.[168] Hernach wird *resolvirt*[169]; da man denn nicht
einen Knaben es herlesen läßet, sondern man ruffet bald diesen
bald jenen auf, der antworten muß. Zum *exempel* über dem ersten *Colloquium.* stehet: *Serpens Evam et Eva porro Adamum impellit
ad vescendam fructu vetito*[170]. Da fraget der *Informator* einen Knaben was ist *serpens*, einen anderen, was ist *Evam?* Den dritten,
was ist das vor eine Regel *serpens et Eva;* einen anderen; *serpens
impellit; impellit Adamun; ad vescendam. ad vescendam fructu vetito.*
Denn wenn bald dieser, bald jener gefraget wird, so bleiben die
Kinder eher in *attention*, und so kan der *Informator* auch das aus-
laßen was in einem § etlichmahl vorkommt. Bey der *Resolution*
muß ein jeglicher Knabe die *Grammatic* bey der Hand haben,
und wenn der, welcher das Wort *resolviret*, eine Regel *citiret*, so
müßen alle zu gleich nachschlagen; da denn der *Informator* bißweilen etlichen anderen auch herlesen läßet, wenn zu mahlen
die Regel etwas schwer ist, welche auch so denn ein wenig nach

---

168 Hinweis auf die Seite des Buches, aus de min der Stunde gelesen wird
169 Hier wird gemeint: „Hernach wird man an die Arbeit gehen" bzw. mit
der Arbeit beginnen
170 „Die Schlange treibt Eva an, und danach Eva Adam vom verbotenem
Frucht zu essen"

dem *Exempel* kann erkläret werden, und so bleiben auch die Kinder eher in der *attention*.

§ II.

Wenn also ein § *resolvirt* ist, so ziehet man auch die *Phrases* heraus. Als in der voran gezeigten Überschrifft des ersten *Colloquia*. kan der *Informator* fragen; was heißt einen zu etwas antreiben oder reißen: *impellere aliquem ad aliquid*. Was heist Brod eßen, *vesci pane*; die fürnehmsten *Phrases* kan der *Informator* auch laßen aufschreiben und *formulen* darnach geben. Auch kan man zu weilen eine *Phrasin* nehmen und *formulen* darnach machen laßen, darinnen ein gewißer *pars syntaxeos*[171] begriffen ist, *e.g.*[172] *impellere aliquid aliquid*; Da könte man *syntaxin conjunctivi* nehmen auf diese Art; ich weiß nicht, wer meinen Bruder verführet hat, *nescio quis fratrem meum ad malum impulerit*; *it.*[173] Ich vermahne dich daß du meinen Bruder nicht verführest: *hortor te ne ad malum impellas fratrem meum*; *it.* Als die Schlange Eva verführet hatte vom verbotenen Baum zu eßen, so verführete sie auch

p. 16.

sie auch den Adam. *Quum serpens Evam ad peccandum impulisset*; *it.* Ich wäre gleichwohl in die Schule gegangen, ob mich schon meine Mutter dazu nicht angetrieben hätte. *Scholam frequentassem tamen si mater mea me non impulisset* u.s.w. Dann so werden dadurch die Knaben nicht nur in der *Grammatic* wohl geübt, sondern sie sehen auch wie sie eine *Phrasin* wieder verwenden können, und bekommen destobeßer Lust dazu. Auch kan der *Informator* die *formulas* auf die Regeln richten, die er des vorigen Tages in der *Syntax* den Kindern erkläret hat. Hinzu ist freylich nöthig, daß der *Informator* in Anfange sich *praeparire*, biß er in die Gewohnheit kommt.

---

171 „Teil der Syntax"
172 exempli gratia = zum Beispiel
173 item = weiterhin

§ III.

Wenn auf diese Weise 3/4 oder eine gantze Stunde zugebracht worden, so läßet man die übrige 3/4 Stunde das gehabte *pensum* oder nur ein Stück davon haben, und mit der Feder ins Deutsche übersetzen, und zwar soll dieses fürnehmlich dazu dienen, [daß] sie gewöhnet werden ein Ding, gut, zierlich deutsch zu geben, dieses aber soll wochentlich nur zweymahl geschehen.

§ IV.

Wenn auf solche Weise ein *Colloquium. absoviret* worden, so soll daßelbe unter etlichen Knaben ausgetheilet werden, die es *memoriren*, und hernach den folgenden Tag in der Schule *recitiren* sollen, wie die *personen in colloquio* geredet haben; wenn sich nemlich das *Colloquium* dazu schicket. Wodurch die Kinder ungemein aufgemuntert werden, und der *Praeceptor* hat die beste Gelegenheit, die Kinder zu einer manierlichen Aussprache und anständiger Stellung des Leibes zugewöhnen. weil es auf diese Art etwas langsam gehet, und daher bey den Kindern leicht ein Stadium entstehen kan, so soll der *Informator* wenn er vier Wochen also zugebracht, die 5te Woche geschwinder gehen, nicht vertiren[174] laßen, auch in der *resolution* nicht alles mit nehmen, damit die Kinder desto munterer bleiben.]

§ V.

In der nach Mittag Stunde soll die *Grammatic docirt* werden, und zwar, daß so wohl die *Ethymologia*, als auch die *Syntaxis* gantz durchgenommen wird. In der *Etymologia* werden die *exceptiones* und *verba anomala* und *deffectiva* welche in V. zurückgelaßen worden, alle mit genommen. Alles aber muß ihnen deutlich erkläret, und wo es nöthig an der Taffel gezeiget werden. In *sintaxi convenientia* wird auch alles mit genommen. *Sintaxis ornata* aber und *sintaxis figurata* werden [weg] gelaßen.

---

174 übersetzen

p. 17.

Des Freytages soll in dieser Stunde ein klein *exercitium* gegeben werden, darin alle Regeln begriffen, die in der Woche sind *expliciret* worden. Das Deutsche sollen alle Kinder in ein absonderliches darzu bestimmtes Büchlein gleich schreiben *ex ore Praeceptoris*[175]. Darnach soll daßelbe mit ihnen an der Tafel gemacht werden, da denn eine jegliche *construction* in der *Grammatic* soll auffgeschlagen [und probiret] werden. Die Kinder aber sollen es selber anschreiben und zwar einer einen § oder ein *comma* nach dem anderen, die anderen müßen ihre Feder nieder legen, wohl aufmercken, und die Regeln nachschlagen, welche etliche nacheinander herlesen müßen, da ihnen denn auch zugleich gezeiget wird, wie die *construction* nach der Regel gehet. Wenn also das gantze *exercitium* fertig ist, und an der Tafel stehet, so müßen die Kinder reinlich in ihre Bücher einschreiben welches hernach der *Informator* durchsiehet ob es auch recht geschrieben sey. Es wird auch hier sonderlich auf die deutsche *Ortographie* gesehen und eins und das andere mit beygebracht i[m] *dictiren*, was dazu dienen kan.

§ VI.

An einem Tag in der Woche wird das *exercitium ordinarium* gemachet, welches man auch zwar mit den Kindern durch *construirt*, saget ihnen auch die schwersten *vocabula et phrases*, aber es wird nicht an die Tafel geschrieben. Dieses machen sie gleich in der Stunde, der *Informator corrigirt* unterdeßen das vorige, so viel seyn kan, die übrigen aber zu Hause; dieses *exercitium* muß nicht zu lang seyn, zum höchsten 10 Zeilen in 4to[176]. Dabey muß der *Informator* wohl zusehen, daß es ein jeglicher selbst, und mit Fleiß mache, auch so wohl das Lateinische alß das Deutsche rein und sauber einschreibe. Es kan dieses *exercitium* entweder eine *imitation* aus dem *Dialog* oder eine kleine *Epistel*, oder eine

---

175 vom Mund des Praeceptors
176 in quarto: das Format des Heftes

kleine *Historie* seyn, welches etwa wechselweise geschehen kan. Hauptsächlich würde hierzu dienlich seyn *Officina virtutum Seiboldi*[177], weil darinnen die *vocabula* und *phrases* enthalten. In dieser *Classe* soll nun ein Anfang gemacht werden zum lateinischen Reden, daher man bey der *resolution* des *Auctoris* darauf siehet, daß man solche *formulas* mit untermische, die täglich vorkommen, dergleiche auch bey den *Exempeln* über die *Grammatica* geschehen kan, welche sie denn in ein besonderes Buch einschreiben können. Wenn also alle Tage nur eine *formul* vorkäme so werden sie doch dadurch gewöhnet etwas lateinisch zu sagen.

§ VII.

Aus alle diesem ist leichtlich abzunehmen, daß der *Praeceptor* in dieser *Classe* ein hurtiger, geschickter, und unverdroßener Kopff seyn müße,

p. 18.

müße, und wird die gantze Schule verdorben, wenn der *Praeceptor* dieser *Classe* nicht darnach ist; inmaßen hier der Grund zur Latinitet geleget, folglich denen *Classibus superioribus* die Base gebracht werden solle, so man sorgfältigst *recomendirt.*

*Methodus Classis III. sive Sintaxistarum*

§ I.

In dieser *Classe* wird nach dem Gebethe der *Cornelius* [*Nepos*] *tractirt.* Es wird erstlich ein *caput*[178] aus dem *auctore* gelesen *explicirt,* ein § nach dem anderen, von Wort zu Wort, hernach auch mit gute[m] Deutsch; da man denn sonderlich darauff siehet, daß die Knaben zu einem feinen deutschen *Stylo* sich gewöhnen;

---

177 Johann Georg Seybold (1620–1690), Philologe, der in Schwäbisch Hall als Praeceptor arbeitete, verfasste mehrere Lehrbücher, unter anderem auch das *Officina virtutis.*

178 Kapitel

dabey die französischen und lateinischen *termini*, so viel immer
möglich weg gelaßen werden. Wo ein *caput* oder § schwer ist,
so *exponiret* ihnen der *Informator* vor, welches aber, wo es leicht
ist, nicht nöthig ist. Hierauf gehet man einen § nach dem anderen *Grammatice* durch, alßo daß man dabey die Regeln nachschlagen und herlesen läßet, ziehet die *phrases* hieraus, und
übet sie [mit] vielen *formulen* wie bey der vorhergehenden *Classe*
gemacht worden, läßet auch bißweilen eine *formula* durch alle
*Casus* führen. Die *phrases* müßen die Knaben in ein besonderes
Buch auffschreiben. Wenn eines Orthes Meldung geschiehet, so
zeiget ihnen der *Informator* denselben in den Land-Charten, die
zu dem Ende in der Stube hangen, und läßet auch in des *Herren
Cellarii edition* dabey die *Charten* sind, denselben sehen. Hierauf
*repetirt* der *Informator* das gantze *caput interrogando*[179], und die
Knaben müßen lateinisch mit den *verbis auctoris*[180] antworten.
Die letzte halbe Stunde müßen die Knaben das gehabte *Caput*
mit Feder ins Deutsche übersetzen; und in ein besonderes Buch
einschreiben, welches hernach der *Informator corrigiret* nemlich
etliche in der selben Stunde, wenn sie den folgenden Tag wieder
*vertiren*, etliche *corrigirt* er auch nach Gelegenheit zu Hause, etliche aber läßet er alßbald herlesen, und saget, wo sie gefehlet
haben. Sie sollen aber nur Montags, Dienstags, und Donners-
tags *vertieren*, Freytags aber soll der *Informator* in dieser letzten
halben Stunde seine eigene *Version* langsam und deutlich *dictiren*, welche die Knaben alßbald *lat. clauso tamen, et seposito Autore*
nachschreiben sollen, und zwar in eben daßelbe Buch, worin sie
die *version*[181] geschrieben haben. Die *Correctur* kan, wie bey der
deutschen *version* geschehen. Bißweilen läßet sie der *Informator*
das gehabte *caput*, in eine *Epistel* bringen, wozu er aber einige
Handleitung geben muß. Wenn ein *Imperator* zu Ende ist, so

---

179  durch Abfragen
180  mit den Worten des Autors
181  die Übersetzung

muß ein Knabe, dem es der *Informator* befiehlet das *Argumentum* des gantzen *Imperatoris* mit lateinischen Worten erzählen.

p. 19.

§II.

Nach Mittags werden in der ersten halben Stunde die *vocabula* aus des Herren *Cellarii Libro memoriali repetirt*, und zwar alle Tage 4 Seiten, die andere halbe Stunde wird zur *repetirung der Grammatic* angewandt, da denn in *Sintaxi ornata* alles vollends hinzu gethan, und auch *Sintaxis figurata* mit genommen wird, die weil die Absicht dieser *Classe* hauptsächlich dahin gerichtet werden muß, daß die *Grammatic* in der Übung bleibet, die *Sintaxis* eben in Schwung gebracht wird.

§ III.

Sonnabend in der letzten Stunde soll das *Exercitium ordinarium* gegeben werden, welches entweder eine *imitation* oder Epistel oder kurtze Historie seyn kan, nur daß es nicht zu lange ist, eben daßelbe soll einmahl entweder per *Synonimia* oder per *phrases* (darzu die *Phrases Aldimanutii* sehr dienlich sind) *variirt* und auch *corrigirt* werden. Dabey ist auch zu sehen, daß die Knaben fein rein und sauber, so wohl das deutsche als auch das lateinische einschreiben, sonderlich muß auch die deutsche *Ortographie* gesehen werden, da denn der *Informator* bey dem *dictiren* das schwerste erinnert und in hin und wieder gehen etlichmahl ihre Bücher ansiehet, ob sie auch *orthographisch* schreiben.

§ IV.

Das lateinische Reden soll denn auch nun in dieser *Classe* völlig getrieben werden. W[ö]chentlich soll 2mahl von einem Knaben eine lateinische *Historie* erzählet werden, auf die Art wie in den zweyn oberen *Classen*. Die *Geographie* kan hier zur Gelegenheit, doch nur in *generalissimis*, dazu nicht viel Zeit gehört, auch vorgenommen, und also die Jugend dadurch aufgemuntert werden.

§ V.

Dieses alles zu bewerckstelligen wird abermahlen ein tüchtiger *Praeceptor* und der sich weisen laßet, erfordert: an welcherley *Subjectis*, die wohlgelahrt und dazu willig sind es nicht mangeln sollte, wo nur ein hoch Löblicher *Conuent* (so doch unumgänglich nöthig) hochgeneigt wird gewilligt haben.

*Methodus IIndo Classis*

§ I.

Hier werden die Episteln *Ciceronis* gelesen, und zwar so übergehet man die Schwersten zu erstenmahl, und siehet nach allen *Generibus* die leichtesten heraus. Man gebraucht dabey folgende *Methode*: erstlich wird das *Argumentum* der Epistel und die *disposition* derselben gezeiget: darnach wird eine Epistel, oder wenn sie etwas lang ist ein Stück aus derselben

p. 20.

derselben nach der *construction* von Wort zu Wort ins Deutsche gegeben, da denn ein § nach dem anderen genommen wird; hernach aber wird es mit guten und reinen Deutsch ausgedrücket, und zwar wie man jetziger Zeit zu reden pfleget *e. g.* [Wenn] Lib. V. Epist XI also anfänget *Grata tibi esse officia mea non miror; cognovi enim te gratissimum omnium.* Dieses könte etwa also ausgedrücket werden: Ich wundere mich nicht, daß der Herr *Vatinius* meine Dienste mit danckbahren Gemüthe erkannt hat, maßen mir nicht unbewust, daß derselbe vor andern sich danckbahr zu erzeigen pflege.

§ II.

Hierauf gehet man einen § nach den anderen durch, ziehet die *Phrases* heraus, erkläret was in die *Antiquitates, Historie, Geographie* läufft, nimt die schwersten *Constructiones* aus der *Grammatic* mit und übet die Scholares mit *formuln*, worbey auch gezeigt wird 1.) *Propria vocabulorum acceptio*[182], dahero der *Praeceptor* sich auch bey denen sonst bekanten Worten das *Lexici Cellariani* bedienen muß. 2.) Was *Latinismi* sind und worinnen die *lat.* Sprache eine Sache kürtzer und *emphatischer* ausdrücket alß die deutsche 3.) Der *usus particularum*[183] alß worinn nicht die geringste Zierlichkeit der lateinischen Sprache bestehet: dazu *Turselinus*[184] *De particulis* dienlich. Wenn also die erste Stunde und etwa ein viertel von der folgenden hingebracht worden; so müßen die *Scholares* das gehabte *pensum* mit der Feder *in vernaculam* übersetzen, wie in den vorigen *Classen*, welches ihnen eben auch auf die Weise, wie in Vorigen gemeldet, *corrigirt* wird. In der Nachmittags Stunde wird eine *imitation* auf die früh *Lection dictiret*, welche aber kurtz seyn muß, damit sie mit der *elaboration* fertig werden können; da denn hauptsächlich auf die *periodologiam* zu sehen; bißweilen sollen sie die Epistel in andern *Latein* übersetzen, welches wechselweise geschehen kan. Dieses wird zwey Tage frühe also getrieben.

§III.

Zwey Tage hingegen wird die *Poesis tractiret* und der *Auctor explicirt*, da denn der *Informator* ein gewißes *pensum* erst von Wort zu Wort nach der *construction exponirt*, giebet es darnach mit gutem Deu[tsch], und laßet es einmahl nachmachen, alß dann ziehet man die *phrases* heraus, und zeiget wie der Poetische *Stylus* vom

p. 21.

vom gemeinen abgehet, läßet es die *Scholares* mit gute[m] *Latein in prosa* geben. Es werden aber bey denen *versen* auch die Regeln in der *Prosodie* nachgeschlagen. Endlich läßet man das *pensum scandiren*.

---

182  die spezielle Auffassung der Wörter
183  die Verwendung der Partikeln
184  Orazio Torsellini (1545–1599) war ein jesuitischer Gelehrter und Lehrer aus Italien.

§ IV.

Sonst aber werden die Praecepta poetica explicirt quantitates syllabarum erörtert, und die Schemata von denen leichtesten generibus an der Tafel gezeiget. Drauf kriegen die Scholares eine Materie zu versen, darinn aber nun sehr wenig geändert ist. Alß zum ex[empel], daß etwa das epitheton bey dem Substantivo außgelaßen wird da aber den Scholaribus gesaget werden muß, es sey da ein epitheton bey zusetzen, oder wenn anstatt des adjectivi oder substantivi, substantivum cum substantivo gesetzet wird, kan solches wie man in prosa zu reden pfleget gegeben werden e.g. vanitas persvasionis, pro vana persvasio[185], auri pretiositas, pro aurum pretiosum[186]. Es dürfften aber nur etwa drey disticha seyn, da denn der Informator mit ihnen die ersten 2 in der Schule machet, an der Tafel, und das letzte zu Hause machen läßet, welche sie in ein besonderes Buch einschreiben und zur correctur bringen müßen. Bißweilen kan ein Stück des gehabten pensi denen Scholaribus vorgegeben werden, damit sie es in ein anders genus transfundiren. Doch praesupponirt dieses eine mehrere Fertigkeit in der Poesie. Wenn die Scholares solche erlanget, so kan man sie auch zur Poesi Epigrammatica anführen, da sich denn der Informator die Palestrae Stylii ligati Massenii[187] mit Nutzen wird bedienen können.

§ V.

In utraque Prosa und ligata sollen die Scholares ein Exercitium pro domo bekommen. Jenes kan materia carminis, dieses aber dispositio chriae oder Epistolae seyn. Die Correctur muß öffentlich geschehen, und damit deßen alle gebeßert werden die Fehler bescheindentlich emendirt werden. [ Randbemerkung, zum Teil unleserlich: Und hier wird man die pura abrogiret, weil sie...als...

---

185 „die Vergeblichkeit des Überredens" statt „das vergebliche Überreden"
186 „die Wertvolligkeit des Goldes" statt „das wertvolle Gold"
187 Jacob Masen (Jacobus Massenius) (1606–1681) war ein jesuitischer Historiker und Poetiker, Verfassser unter anderem auch der Poetik Palaestra eloquentiae ligatae.

sind sondern werden die *Scholares* gleich darzu gehalten, daß
sie ihr *pensum elaboratum in forma quarti* deutlich und ohne alle
*macel* auffschreiben und zur *correctur* bringen. Der *Informator*
aber wird bedächtig die *correctur* vor sich nehmen, und die *vitia
ad marginem annotieren*[188]. Bis dieser *correctit* die...wird man so
wohl...*corrigendi in Informatore*, als *diligentiam* und *prospectu in
discipulo*, lehrnen können.] *Utrique* soll man auf *puritatem et pe-
riodologicam aequalitatem Styli*[189] sehen, damit nicht die Jugend
durch *affectirung* hoher Worte sich selbsten im Liechte stehe.
§ VI.
Allezeit zu Anfang der früh Stunde soll nach dem Gebeth eine
lateinische *Historie* von einem *Scholare recitirt* werden, welche
erstlich von den anderen *condiscipulis*, dann auch vom *Informatore censiret* wird. Das Griechische zu dociren

p. 22.

zu dociren wird eine besondere *methode* vorgegeben werden. Zur
*Geographie* soll hier eine höhere *introduction* gegeben werden,
alß in der vorigen *Classe*, so auch von der *Historie* zuvorstehen.
Das lateinische Reden wird hier *religiosissime observirt*. Und diese *Classe* soll des *ConRectoris* seyn.

*Methodus Imae Classis*

[§ I.]
Hier werden die *Orationes Ciceronis*, zuweilen *Sulpitius Severus*
und auch andere *Auctores tractiret*. Doch weil es in dieser *Classe
Scholares* giebet, oder wenigstens geben soll, die *in humariori-
bus et Theologicis* einen hinlänglichen Grund haben, alß wird
auf solchen Grund fernern fort gebauet, und die Scholares *in
Theologia, Philologia* und *Philosophia* treulichst unterrichtet, zu
einem jeglichen *Studio* nimmt man 2 Tage in der Woche.

---

188  die Fehler am Rand vermerken
189  auf die Reinheit und den proportionierten Satzbau

§ II.

Die *Theologie* wird nach Anleitung B. Dieterici oder *Königii* Mittwochs tractiret *subsequenti methodo*[190]: einige *quaestiones* oder *Paragraphi* werden *ad exercendam memoriam*[191] auswendig gelernet und *recitiret*: darauf folget alßbald eine bündige *explicatio Theseos orthodoxae*[192], die *dicta scripturae*[193] werden im Grund Regel nachgeschlagen, und darauß vermöge der *Mediorum Hermeneuticorum nervus probandi*[194] eruirt. Dann wiederleget man auff das kräfftigste *Anthithesin*, doch *ea prudentia*[195] daß man mehr bedacht ist auf die *Apodixin Theseos, quam confutationem Anthiteseos*[196], maßen, wo jenes geschiehet, das letztere von sich zu erfolgen pfleget. Wenn solches geschehet, weiset man die *Scholares* auf die *Libros Symbolicos*[197], nebst anzeigen, wo der abgehandelte *Articel* darinnen zu finden, damit ihnen also die *Theologie Symbolica* desto bekannter werde, je mehr man gewohnet ist, *ad Lib[ros] Symbolicos* zu provociren. Nach alle dem thut man bey einem jeglichen *Articulo* eine kräfftige Anweisung hinzu, wie der abgehandelte *Articulus ad praxin vitae christianae, in exercitio poenitentiae et Regeneratione. atque Renovatione*[198] anzuwenden. Endlich wenn der gantze *Artic[ulus]* abgehandelt worden, so faßet man solchen in *theses rotundas,*

---

190 nach der folgenden Methode
191 zur Übung des Gedächtnisses
192 die Auslegung der Thesen des wahren Glaubens
193 die Sprüche der Heiligen Schrift
194 das Argument der Regeln der Textauslegung
195 mit einer solchen Umsicht
196 auf die Beweisführung der Thesen, als auf die Widerlegung der Thesen
197 Sammlung der Bekenntisschriften
198 zum christlichen Leben, in der Übung der Poenitenz, in der Wiedergeburt und in der Erneuerung

p. 23.

*rotundas* und hält darüber *in praesentia Primae et Secundae Classis* eine *Disputation*. Sonnabends soll *introductio ad Lectionem N[ovi] Testamenti* gegeben und *ad calamum dictiret* werden, dennoch *ea brevitate*[199], daß man in einer *Lection* jedesmahl ein Buch des Neuen *Testaments* durch nimmt. Dabey sind die *Scholares* gehalten dasjenige Buch, welches vorgenommen werden soll zu Hause durchzulesen, und sichs auch so gar im Griechischen bekannt zu machen.

§ III.

Anlangend die *Studia Philologica*, so wird Montags die griechische Sprache *dociret*, da dann die erste früh Stunde die *Grammatic* soll *explicirt* die andere Stunde aber darauf die *praxis in Lectione et Analysi N. Testamenti*[200] vorgenommen werden. Wenn die *Scholares* das Neue *Test[ament] sine interprete*[201] werden lesen können, so soll mit ihnen mit entweder *Macarius* oder *Eutropius* gelesen werden. Dienstags soll auf gleiche Weise die *Hebraische* Sprache *dociret* werden. Die erste Früh Stunde *explicirt* man *Grammaticam Langii*, die anderen darauf nimmt man die *praxin* vor, und lieset man in der Biebel ein und mehrere *capita cum interpraetamento et analysi aliquot versiculorum*[202]. Damit aber die *Scholares* zu diesen in *Patria* verhasten doch zur Theologie unumgänglich nöthigen Sprache Lust und Liebe gewinnen mögen, so wird der *docens* eüsersten [sic!] Fleißes dahin bedacht seyn, daß alles auf das deutlichste und gleichsam spielend beygebracht werde, wenn man es in Hebreisch dahin gebracht haben wird, daß die *Scholares* die *Lib[ros] Historicos* wohl werden lesen und verstehen können so soll ihnen *doctrina accentuationis methodice*[203] *proponiret* werden.

---

199 mit einer solchen Kürze; so kurz gefasst
200 die Übung im Lesen und Interprätieren des Neuen Testaments
201 ohne Ausleger
202 mit der Auslegung und Analyse einiger Verse
203 die Akzentlehre nach den Regeln

§ IV.

In Philosophicis wird zu förderst Logica vulgaris ad ductum Scharfii, oder eines anderen jährlich in einem trimestri inculciret. Darauf sollen Elementa Philosophiae Eclecticae Buddei vorgenommen und also erkläret werden daß die Scholares vom gantzen Systemate Philos. Instrum. Theorethicae und Practicae einen suffizienten Begriff über kommen sollen. Da es denn an Gelegenheit nicht wird ermangeln, ihnen auch von alten und neuen Historia litteraria das nöthigste beyzubringen, und dieses sollen die Studia matutina seyn.

p. 24.

§ V.

Nachmittags werden die zwey Tage die orationes Ciceronis tractiret, da dann folgend methodus soll gehalten werden: erstlich wird ex Historia Romana aetatis Ciceronis[204] das beygebracht, was zum beßeren Verstand der Oration dienlich. Darauf wird dispositio Rhetorica nebst denen Argumentis Logicis angezeiget, und so dann ein Theil nach dem anderen Grammatice, Rhetorice, Logice durchgangen, die Phrases excerpirt und ad usum transferiret, was in die Geographiae und Antiquitates läufft, erörtert. Zuweilen soll die gantze oration imitiret werden, auch wird man sich insonderheit bearbeiten, daß die puritas Styli latini[205] gezeiget, was aber davon abgehet, notiret werde. Manchmahl soll auch lectione cursoria[206] ein alter historicus styli causa[207] vorgenommen werden.

---

204 aus der römischen Geschichte der ciceronischen Zeit
205 die Reinheit des lateinischen Stils
206 Im Gegensatz zur lectio stataria war das Ziel der lectio cursoria den Text ohne aufwendiges Kommentieren in einem Zug zu lesen.
207 wegen des Stils

§ VI.

Die letzteren zwey Tage soll Winters die *oratorie* nebst *continua praxi in elaboratotionibus* gelehret; Sommers aber da die Hitze zunimmt, die *Historie und Geographie tractiret* werden. Und wenn des *Rectoris* [Sorge] dahin gehet, daß er Leute auferziehe, die nicht der Schul-*Pedanterey*, sondern *vitae* studiren mögen. So viel von der *methode*; dabey aber noch folgendes zu erinnern nöthig:

1. Damit sich die Herrn *Collegae* nicht mögen beschweren, ob lege man ihnen ein Last auf; so bin erböthig in eines jeden seiner *Classe* ein paar Tage zu *informiren*, damit sie die Lehr-Art annehmen und nachgehends der vorgegebenen *methode* desto leichter nachkommen mögen: denn daß sie *practicabel*, solches habe nun in die 8 Jahr zur genüge erfahren

2. Was so dann ein jeglicher unter dem Seegen Gottes nach solcher *methode* die Woche hindurch *absolvirt*, soll in ein gemeines Buch, von einem jeden *Collega*, auch dem *Rectore* selbst wochentlich und gewißenhaft eingetragen werden, worauß denn eines jeden sein Fleiß kan abgenommen werden aber auch geurtheilet, ob man die *Studia* langsamer oder hurtiger treiben solle. Das Buch würde *quartaliter* einem hoch- löblichen Kirchen *Conuent* zu eben diesem Ende überreichet werden.

3. Es scheinet auch ob wären die Herren *Collegae* in denen 6 Stunden darinn sie *publice* zu *informiren* haben bißhero zimlich müde werden: daher es denn kommen, daß man die Stunden zwar *passiret*, aber nicht allezeit dahin bedacht gewesen, wie nützlich sie *passiret* würden: es geruhe demnach ein hoch-löblicher Kirchen *Conuent* hoch vernünfftig

p. 25.

vernünftig zu überlegen, obs nicht ratsamer wäre von denen
*horis publicis*[208] nachzulaßen, damit die übrigen mit desto größerem Fleiße und Munterkeit möchten angewendet werden:
aller meist es nicht an vielen Stunden, sondern unter göttli-
chem Seegen, an der Treue der Arbeiter gelegen; die sonst einige
von den gewöhnlichen Stunden könten zu denen *Studiis privatis*
*emploiret* werden[209]: zumahl da die vorgeschriebene *methode* einen gantzen Menschen erfordert.

    4.    Aus der *Projectirten* Eintheilung der 6 *Classen* wird ein
        hoch-löblicher Kirchen *Conuent* hochgeneigt abnehmen
        k[o]nnen, daß es uns an dem *Praeceptore Sintaxista[rum]*
        mangele, an deme doch das meiste gelegen, wenn an-
        ders der bißherigen Unordnung soll abgeholfen wer-
        den, denn daß beym *Con- Rectore Syntaxis, Poesis* und
        *Rhetorica* zugleich sollen *tractiret* werden, gehet nicht
        an.

Ratio

1. Weilen *pluribus intentus minor est ad singula sensus*[210].

2. Die Unordnung wird dadurch stattlich vortgesetzet.

3. Die Pro[fe]ctus der Jugend unverantwortlich gehindert.

4. Weil auch diejenige frembde Kinder, die vom Lande die deutsche Sprache zu erlernen künfftig zu uns kommen werden,
meistens in dieser *Classe* gehören dörfften: Wenn nun solche
nebst der heran wachsenden Stadt-Jugend, hier innen nicht
sollen versehen werden, so bleibet unsere Schul immer hin in
einem übelen *credit* und das mit allem Recht.

5. Weil endlich der *Con-Rector* zur *Poesi* und *Rhetoric* desto be-
ßere Schüler bekommen, *consequenter* dem *Rectori* geschicktere

---

208  die Pflichtstundenzahl

209  zu Privatstudien verwendet werden

210  „Wer viel Ämter auf sich nimmt, der kann nicht thun, was jedem ziemt."

*Subjecta* zu st[ur]zen kan. *Namque vitia primae concoctionis, difficulter, aut plane non corriguntur in coctione secunda aut tertia.*²¹¹

Wenn mir aber erlaubet seyn würde freymüthig zu sagen was vor ein *Subjectum* zu dieser hochnöthigen und unsäglich nützlichen *Classe pro Praeceptore* zu wählen wäre, damit man den *intendirten* Zweck erlangen k[ö]nte, so würde folgende Eigenschafften an demselben *requiriren*.

1. Daß er hertzlich Gott fürchte und aus diesem Grunde das seine trachte in aller Treue zu verrichten, *verbo, ut sit bonus Theologus*²¹².

2. Die *Erudition* habe, die zu dieser *Classe* unumg[ä]nglich nöthig; alß ein reines und wohl gesetztes Latein; die griechische und womöglich *hebraische* Sprache, die *Historie, Geographie, Poesi* und *Rhetoric*.

p. 26.

3. Daß er ein Deutscher, folglich seine Mutter Sprache dermaßen mächtig sey, damit man hoffen könne, daß er *capabel* seyn werde, solche den deutschen Kindern sowohl, alß auch denen, die sie bey uns faßen sollen einzuflößen.

*Ratio.*

1. Wenn man Leute nur *ex trivio*²¹³ her nimmt, so machen sie gemeiniglich das Übel nur ärger.

2. Dieser *Collega* aber soll im Nothfall auch des *Con Rectoris Classe* vorstehen können.

3. Soll auch tüchtig seyn *privatas horas*²¹⁴ *in humanioribus* zu halten. An welcherley *Subjectis*, wo man nur den *Consens* eines

---

211 „Denn die Fehler der ersten Verdauung (=Bearbeitung) werden in der zweiten oder dritten Verdauung schwer oder gar nicht korrigiert."
212 also dass er ein guter Theologe sei
213 von der Straße, zufällig
214 Privatstunden

hoch-löblichen Kirchen *Conuents* ( darum man inniglich bittet)
erhalten haben wird, es gar nicht ermangeln solle.

5.  Sonsten wird der *Rector* in *privat* Stunden nicht erman-
    geln, wie die ungarische Sprache, also auch die übrigen
    *Studia humaniora*, alß *Stylum latinum*, *Historia*, *Geogra-
    phia*, auf begeren zu *proponiren*. Deßgleichen, die unga-
    rische Sprache ausgenommen, auch der *Con Rector* thun
    wird. Endlich folget:

## III.

## RATIO DISCIPLINAE SCOLASTICAE

und wie solche einzurichten, und *in vigore*[215] zu erhalten seye.

Daß die *disciplin*, Zucht und Ordnung bey einer Schule höchstnöthig, darff keines beweißthuns. Diese aber in Schwung zu
bringen und darob steiff und feste zu halten ist nothwendig:
1. Daß man Schul Gesetze habe, die von einem hoch-löblichen
Kirchen *Conuent autentisieret*, dem *Rectori* übergeben und bey
den *docentibus et discentibus*[216] zur unverbrüchlichen *observantz*
vorgegeben würden. Weil nun in der *Matricul* meiner *illustr.*
Herren *Antecessorum*[217] gar feine *Leges* finde, aber nicht wißen
kan, ob selbige *conventualiter approbiret* worden; alß bitte gehorsamst, es geruhe ein hoch-löblicher Kirchen *Conuent* entweder
gedachte *Leges* zu *confirmiren*[218], oder weil solche allzuweit-
läuffig, aus denen selben kürtzre ( *Lex enim brevis sit oportet*[219])
die aber *Rectorem, Collegas, Alumnos, Discipulos, Paedagogos* und

---

215  in Kraft
216  bei den Lehrern und den Schülern
217  meiner Vorgänger
218  die Gesetze bekräftigen
219  Das Gesetz soll nämlich kurz sein.

Oeconomus[220] nach allen ihren Officiis[221] betreffen, großgeneigt extrahiren zu laßen.

2. Damit aber die Leges Scholasticae in ihrem vigore und

p. 27.

und der Rector bey denenselben in nöthiger Authoritet möchte erhalten werden, so würde höchstnöthig seyn, daß alle quatembria[222], und also 4mahl des Jahres eine allgemeine visitatio Scholae, von einigen hochansehnlichen membris[223] eines hochlöblichen Kirchen Conuents, die aber darzu vom Rectore den Tag vorhero gebührend sollen invitiret werden, gehalten werden möchte: da dann die lateinischen Classes die Herren Patronos mit einer lateinischen oration alteriatim[224] sollen salutiren. Auch sollen die Schul Gesetze öffentlich und im Beyseyn der gantzen Schul Jugend vorgelesen und dieselben publica Auctoritate eingeschärffet, die eingeschlichenen Mißbr[ä]uche abgethan, und Docentes atque Discentes ihrer Pflicht kräfftigst errinnert werden. Die Chorales[225] müßen bey solcher Gelegenheit ihren concentum Musicum[226] auch hören und sich ihrer Pflicht auch erinnern laßen. Diese Anstalt habe bey meine[r] vorigen Station hinlänglich befunden die einmahl eingeführte Ordnung im Schwange zu erhalten, dahero selbige einem hoch-löblichen Kirchen Conuent auf das beste recomendire, nebst Versicherung, daß, wenn solche einmahl beliebet und etabliret werden, man schon ein stattliches Mittel der Schule auffzuhelffen werde in die Übung gebracht haben.

---

220 Verwalter
221 Aufgaben, Pflichten
222 vierteljährlich
223 von Mitgliedern
224 mit einigen [abwechselnden] Festreden
225 Choristen
226 den musikalischen Zusammenklang

3. Die *Leges*, so einmahl von einem hoch-löblichen Kirchen Co-
*nuent autentisiret* worden, auch die übrige Schul Ordnung nebst
der einzuführenden Methode, werden gar füglich der Schul
*Matricul* ( so neu und *in folio* in einem tüchtigen Bande seyn
müßte) vorne an einverleibet, und darauf die *Nomina Scholari-
um, Patria, Profectus, Aetas* eingetragen werden.

4. Die *Examina Anniversaria*[227] zu halten ist höchst nöthig und
nützlich. Alldieweil so dann nicht nur die *Praeceptores* das
gantze Jahr über also arbeiten müßen, damit sie beym Exami-
ne davon eine *sufficiente* Rechenschafft geben können; sondern
es gewinnet auch die Jugend hindurch einen ungemeinen *Sti-
mulum* ihren *Studiorum* desto beßer abzuwarten: bevorab wo
denen *diligentioribus*[228] einige *praemia* von ihren Eltern oder
sonst ausgesetzet werden. Die Zeit solcher *Examina* in zahlreicher Gegenwart deren *tit. illustr.* Herren *conventualium* zu halten, wäre meines Erachtens am bequemsten um das *Michaler
quatembre*[229]; und müßte man dazu 3 bis 4 Tage, ohne vorhero
der Jugend davon was zu sagen, anwenden; welche gute Anstalt
einem hoch-löblichen Kirchen *Conuent* hiermit besten maßen
*insinuiret*[230].

5. Das neu aufzurichtende *Alumneum* dazu Gott seinen Seegen geben wolle, soll, weil sich die Umstände geändert, mit
neuen *Legibus*

p. 28.

*Legibus* versehen werden. Und damit alles desto ordentlich in
der Furcht des Herren geführet werden möge, so wird der *Rector* über daßelbe gewißenhaffte Aufsicht haben, darein nie-
manden alß die zum Studiren tüchtig und von glaubwürdigen

---

227  die jährlichen Prüfungen
228  den Fleißigen
229  gemeint ist hier das Herbstjahresviertel (der Michaelistag ist am 29.
     Sept.)
230  im positivem Sinne verwendet: gefallen

Männern *recomendiret* worden, *acceptiren*. Da man aber hoffet, daß eine zahlreiche Jugend herbey kommen dörffte, in dem *Alumneo* aber vor dießmahl nur 12 Personen sollen verpfleget werden, ist mein flehentliches Bitten, daß doch gleichwohl diejenigen unter den *Tit.* Herren *Conuentualibus* und übrigen löblichen Bürgerschafft denen Gott, Kinder, als Pflanzen des Herren zum Preiße, verliehen dergleiche tüchtige *Studiosos,* die dermahleins dem gemeinen Beßten förderlich seyn werden, zu ihren Kindern aufnehmen und selbige, gegen treue *Informati-on* gütigst verpflegen möchten. Hiedurch werden sie zwar zu-förderst ihren eigenen Kindern, dann aber auch dem gantzen Vaterlande nachdrücklich dienen: so der allgütige Gott nicht will unbelohnet laßen. Diejenigen Eltern aber, die solches zu thun entschloßen sind, werden sich ohnbeschwehrt beym *Rectore* melden laßen, damit mit desto tüchtigeren *Subjectis* kön-nen versehen werden. Das aber ist schwer zu *promittiren*[231], daß alle dergleichen *Studiosi* der deutschen Sprache solten kündig seyn, indem die meisten solche zu erlernen sich hierher bege-ben dörfften; Welcher *defect* aber die übrige gute Aufführung schon ersetzen wird; und ist es denen Kindern manchmahl zu-träglicher.

  6.  Damit dem *Rectori* unter der Schul Jugend *singuli sigilla-tim*[232] desto eher und beßer möchte bekannt werden, er auch wißen möge weßen dieses oder jenes Kind; würde sehr nützlich seyn, daß Eltern, wo es anders dero Stand leyden will, ihre Kinder in *Persona*[233] dem *Rectori prae-esentiren,* oder *stante conditione praemissa*[234], *praesentiren* laßen, wodurch dann zwischen Eltern und *Rectore* ein guter Verständniß zu wege gebracht, und die Auferzie-hung der lieben Kinder ungemein befördert wird; zu-

---

231  versprechen
232  jeder einzelne
233  persönlich
234  gegebenenfalls

mahl wenn sich Eltern in Gegenwart ihrer Kindern vor dem *Rectore* erklären daß ihnen zu Hause kein Unterschleiff oder Gehör würde gegeben werden, sondern sie der christlichen und vernünftigen Schul Zucht völlig überlaßen werden; hauptsächlich aber soll solche *introduction* der fremden Kindern beym *Rectore* geschehen und kein *Collega*, auch nicht der *Con-Rector* befugt seyn

p. 29.

seyn ohne vorhergegangener *Praesentation apud Rectorem*[235] jemanden in die Schule aufzunehmen. Sonsten ist der *Rector* nicht *obligat* von einem solchen Kinde Rechenschafft zugeben, von dene er nicht wißen können, wie er in das *ouile scholasticum*[236] kommen.

7.    Die Bestraffung der ungehorsamen Kinder soll nach denen *publicirten Legibus* christlich-väterlich geübet werden. Da sich dann der *Rector* bey denen Eltern den *Scholaren* die Liebe außbittet, daß sie denen Kindern wenn sie mit Klage über ihre *Praeceptores* zu Hause kommen, nicht leichtlich glauben, viel weniger einen Argwohn auf die *Praeceptores* werfen oder von ihnen übel reden, ja auff sie gar schelten: denn hiedurch wird das Ansehen der Schul Lehrer *prostituiret*, die Auferziehung der Kinder unverantwortlich gehindert, und Gott zum Gram gereitzet, daß er dergleichen Kindern und Eltern allen Seegen, deßen sie gleichwohl hatten theilhafftig werden können, entziehen muß. Soll es aber nöthig seyn, daß denen Eltern *Satisfaction* geschehe so wird auf bescheidentliche Erinnerung der *Rector* schon wißen, wie die Sache zu vermitt[eln]: und dörffen aber die Kinder nichts drum wißen, denn ich sehe dieses alß eines der

---

235  Vorstellung bei dem Rektor
236  Schulgemeinschaft

bequemsten Mittel an, der Schul aufzuhelfen, wenn die *Autoritas docentium* hergestellet, ihr gewißenhafftes Verfahren in Liebe aufgenommen, und die Treue billiger maßen belohnet wird.

8. Endlich *quandoquidem, non annosa uno quercus deciditur ictu*[237], bittet sich der *Rector* bey einem hoch-löblichen Kirchen *Conuent* die Freyheit aus, dasjenige, was ferner sie bey der mit Gott vorgenommenen Einrichtung des Schul Wesens zu errinnern vor nöthig erkannt würde, Seiner Herrlichkeit dem Herren *Inspectori* bescheidentlich entdecken, und eine geneigte *Remedierung* gehorsamst erwarten zu können: Allermeist man bey dem Antritt des Amtes nicht allezeyt vorher sehen mag, was sich irgend bey dem *progressu* deßelben entweder gantzlich zu endern oder zu verbeßern ereignen möchte.

Dieses sind also meine hertzlichen wohlgemeinten Vorschläge die Wiederaufrichtung des so tief verfallenen Schul Wesens betreffend, welche dem hochgeneigtem Willen seines Hochherrlichkeit des hochherrlichen *Inspectoris*, und eines hochlöblichen Kirchen *Conuents* gehorsamst nachzukommen, wohl bedächtig und ausführlich aufgesetzet, und hiermit zur hochvernünftigen Überlegung und großgünstgen *Approbation*

p. 30.

*bation* mit tieffstem *Respect* übergebe; in der ungezweiffelten Hofnung, es werde ein hoch löblicher Kirchen *Conuent* sich die höchst nützliche Mühe nicht gereuen laßen, selbige wie sie das gemeine Wohl Seyn nicht allein hiesiger Schule, sondern des gantzes Vaterlandes belangen, auch *communi opera*[238] hochvernünftig zu untersuchen und was davon *practicabel* aus unge-

---

237 „da die alte Eiche nicht mit einem Schlag gefällt wird" (Paligenius, Zod. Vitae XH. 459.)

238 mit gemeinsamer Arbeit

meiner Neigung, das *publicum bonum*[239] zu fördern, kräfftigst
ins Werck zu stellen. Meines Orthes sichern gäntzlich, daß ich
hiebey keine *Ideas Platonicas* gehabt; sondern dasjenige vorgeschlagen, was nunmehro acht Jahre her in *muneribus Scholasti-
cis*[240] selbsten theils *practiciret*, oder doch durch meine *Collegas*
habe *practiciren* wollen. Ob aber die hiesigen Umstände meine
gute Meynung leyden werden oder können; solches wird ein
hoch-löbliches Kirchen *Conuent* bester maßen außzumachen
wißen. Das ist gewiß, daß wo man die althergebrachte *Pedanterey*, welche bißhero manch vort[re]ffliches *Ingenium* aufgehal-
ten, daß es zu keiner *soliden Erudition* gelang; folglich sich hätte
können *capabel* machen laßen, dem *bono publico* nachdrücklich
zu dienen, nur mit einem losen Kalck übertünchen, und nicht
bedacht seyn wird [vö]llig abzubauen und keinen tüchtigeren
Grund zu legen gelingen könnte, so werden wir die Unkosten
eines hoch- löblichen *Conuents* die sie doch willig herzugeben
gesonnen; also auch die Mühwaltung des *Rectoris* und seiner
Mitarbeiter verlohren und das Übel nur um desto ärger werden.
Da nun von der höchst löblichen und heilsamen *Intention* des
Herren *Inspectoris*, des ehrwürdigen *Ministerii*[241] und sämmtli-
chen hochlöblichen Kirchen *Conuents* so schrifftlich als mündlich zur genüge versicheret worden bin, daß alles was nur Menschen möglich bey der bevorstehenden Einrichtung der Schule
soll ins Werck gerichtet, und dadurch *publicum bonum* gefördert
werden, so versichere auch meines Orthes nochmahlen, daß all
mein Vermögen das Gott darreichet, eben dahin abzielen solle.
Im übrigen

---

239  das Gemeinwohl
240  als schulische Aufgabe, Pflicht
241  des ehrwürdigen Amtes

p. 31.

Im übrigen tröste mich dero allerseitigen, Liebe und Beystands; wie dann der leiblichen Umstände halber um desto weniger bekümmert lebe, je mehr versicheret bin, daß bey redlicher Verwaltung meines Ammtes mir und meiner Herren *Collegiis* an dero Gewogenheit niemalen gebrechen werde. Gott aber, der da ein Vater der Gnaden und des Seegens ist über alles, das da Kinder heißet im Himmel und auf Erden, hebe an ein hoch löblichen Kirchen *Conuent* und sämmtliche Gemeine, wie auch unsere verstörete Schule mildiglich zu seegnen, Er verleye denen drey Haupt Ständen alles ersinnliche Geist, und leibliches Wohlergehen; Er gebenedaye die bevorstehende Schularbeit mit reicher Gnade, und setze un[s] s[ä]mmtlich zum Seegen ewiglich. Wünschet von Grund des Hertzens

eines hoch löblichen Kirchen *Conuents*

gebet und dienstschuldigster

*Matthias Belius VDM*

p.t. *Scholae Evang. Pos[on]. Rector* [242]

---

242 Matthias Belius Verbi Divini Minister pro tempore ... M.B. Diener an Gottes Wort, derzeit Rektor der Pressburger Evangelischen Schule